香港古代史新編

蕭國健 著

中 華 書 局

序

香港位粵東南面濱海，自古為蜑傜等土著居停之所，以漁、樵、農、獵為業。唐宋間，中原多故，北人相繼南遷定居，以本土山水之優美，土地之肥沃，遂發展煮鹽及種香之產業。清初遷海，香港居民全遷內地，整區被荒廢，多年後始遷回，惟區內舊有之文化及文物，皆盪然無存。

余多年來從事香港歷史文化研究，於各大專院校從事香港歷史教學，開設香港古代史課程，講授一八四二年前之香港歷史。十多年前曾出版《香港前代社會》及《香港古代史》等書，介紹香港開埠前之歷史、社會與文化。今將兩書內容重新整合，整理組成包括香港自上古至清代中葉之歷史、政治、經濟、古蹟文物等多方面有關香港古代歷史之通論式著述。

本書蒙中華書局（香港）有限公司代為出版，及友好之幫助，特此致謝。書中有不足或錯漏處，敬請賜正。

二〇一九年仲夏蕭國健於顯朝書室

目錄

第二章

香港古代史（上古至清中葉）

第一章 通論

香港名稱的由來
香港的地域沿革
香港前代史的歷史分期
香港前代的地方行政
清代香港新界地區的鄉治

香港名稱的由來

香港位於中國廣東省南部濱海區域，南海之北岸，珠江三角洲之東岸，即東經113°52'至114°30'，暨北緯22°9'至22°37'之間，距廣州八十三海里，澳門三十九海里，面積三九八・二五平方英里，分三部分：

一、香港島，面積二十九平方英里。

二、九龍半島（九龍界限街以南之地）及昂船洲，面積三・七五平方英里。

三、新界（包括大嶼山及二百三十五個離島），面積三六五・五平方英里。

「香港」一名，本來是明代一小村落的名稱。所以得名，歷來有不同的解釋。主要的有以下幾說：

一 因海盜香姑盤據香港島而得名

據古老傳說，清朝嘉慶年間，有海盜林某與其妻香姑，橫行於伶仃洋一帶，後為清海軍將領李長庚擊敗，林某逃死於台灣；香姑則領其餘眾，佔據港島；後人因而稱之為「香港島」。

但據史籍的記載，清代並無名叫香姑的海盜。只是在明朝崇禎七年（一六三四年）間，有名叫劉香的海盜，曾寇擾香港西北方的南頭，所以有關香姑的傳說，懷疑是由劉香的故事所演變而成。

但本港各地區至今尚未發現任何與海盜劉香或香姑有關的史蹟，況且中國人民最恨盜賊，所以應當不喜歡以盜名為一島的總名，故此說實不可信。

二 因島上紅香爐山所轉稱而得名

今日銅鑼灣天后廟前，舊時有紅香爐一座。據古老傳說，該紅香爐從遠地漂來，停於廟前沙灘上，村民遂將它放置廟前，並稱廟後山峯為紅香爐山，廟前之海灣為紅香爐港。其後紅香爐港一名，漸演變而為全島總名，而稱之為香港島。

但據《新安縣志》中的地圖所載，島上一面繪有紅香爐山，一面又載有香港村，紅香爐山海灣與香港村海灣的地點有別，且同時存在。由此可見「香港」一名，實非由紅香爐山所轉稱而得名。

圖 1-1 早年的銅鑼灣天后廟

圖 1-2《新安縣志》中載「紅香爐」地名

三　因島上有鰲洋甘瀑下注成瀧水而得名

據傳說，今日薄扶林往南華富邨的瀑布公園所在地，原有一條由瀑布注成的山溪，稱為瀧水，味淡而甘，行船者愛汲此處的水作食用，因而稱此瀧為香江，並將此瀑布入海的港口稱為香港，後來演變成為全島的總名。

但香江一名，是近百年來繁榮後所新起的，因為今日新界各山溪，並無稱為「江」者，可見「香江」一名，絕不會早於「香港」一名而成立。且獨鰲洋即今日的獨牛洲，位於今日塔門洲南部，與香港島位置不同，故相信其中所指的甘瀑，應該並非位於香港島上。故此可證明香港或香港村，與「鰲洋甘瀑」所演成之「香江」無直接關係。

四　因本區盛產莞香，並為運香販香的港口而得名

本區自明代起，已是盛產莞香之地。當時，每年由東莞南部以及新安（今寶安及深圳地區）與本區所產製的香品，常在尖沙頭（即今九龍半島之尖沙咀）的香埗頭（即運香用之舊式碼頭），用小艇運至石排灣（即今香港仔海灣之東北岸），再改用艚船（即大眼雞）轉運往廣州，更運至江蘇、浙江等省。因為這些香木及香品都是由石排灣東北岸（今香港仔海灣）

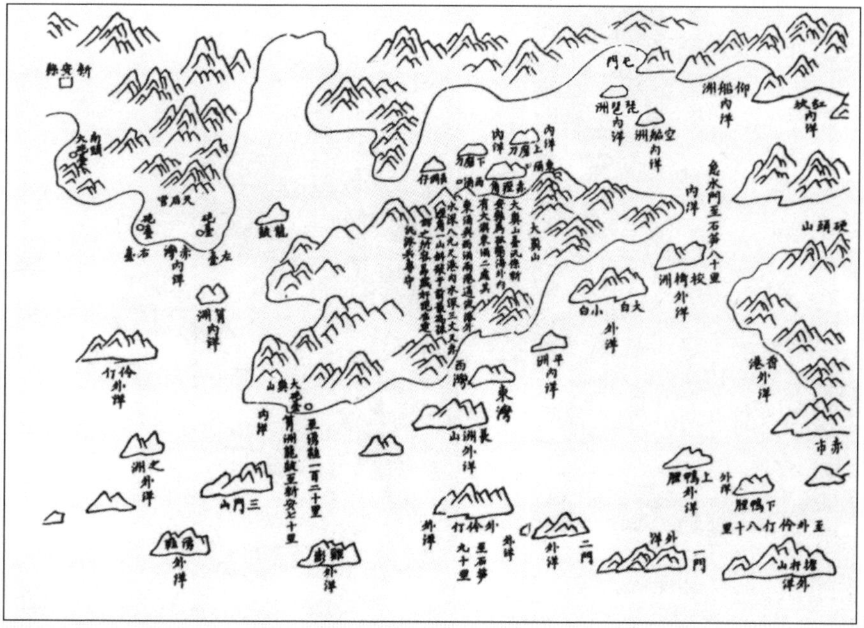

圖 1-3《廣東通志》中的香港地圖

圖 1-4 早年香港薄扶林天然瀑布的繪畫

集中轉運的，故灣的東北部遂被稱為「香港」，意即運香販香之港口，英人稱為 Fragrant Harbour，即芬芳的港口。位於港灣畔的村落，遂以港灣的名稱名之，故名香港村。

「香港」一名，初見於明萬曆年間《粵大記》一書，為一村落。清初，因常受海盜騷擾，故建圍牆自保，因此又稱香港圍，今稱黃竹坑舊圍，或上馬路舊圍。

至於香港一名之所以演變為全島的總名，是因為英軍初抵香港島時，是在赤柱登陸，由一名叫陳群的當地蜑民帶引前行，經香港村、薄扶林、裙帶路等地，到本島北部今中環一帶。經香港村時，英軍詢問該處地名，陳群以蜑語答稱謂「香港」，英人即以蜑音 Hong Kong 為記，因而成為全島之名。以初經村落之名，而記為全島之名，此即香港島得名的由來。

圖 1-5 阿群帶路圖

香港的地域沿革

在割讓給英國之前，香港地區已經是清廣東省新安縣之一部分；但新安縣一地，於清代以前歷有名稱變更及隸屬。

三千多年前，漢族已定居於珠江流域的廣東一帶。據傳說，該族中有名公師隅者，率族人南遷至今日廣州市越秀山下海濱地區，築南武城，其族並於該處繁殖。其後，周夷王時，南海有五仙人，乘五羊，拿稻穗，集南武城，教民種稻；自此，民知種稻，人口漸眾。當時，廣州一地漸漸繁盛；香港位廣州之南，當較荒蕪，相信為人跡甚少之地，間或有三五土著，耕種狩獵，過着簡單的初民生活。

秦始皇滅六國後，統一中國，並於始皇三十三年（前二一四年）平定南越，設置南海、桂林、象郡等三郡；南海郡轄領番禺、博羅、中宿、龍川、四會及揭陽等六縣。秦末，南海郡尉任囂病死，龍川縣令趙佗據廣東之地獨立，稱南越武王，都番禺。當時，香港與番禺縣治相接，故隸屬番禺縣管轄。

漢高祖劉邦滅秦後，以香港地處嶺外，故採取安撫政策，特命陸賈出使南越，撫慰趙佗，封為南越王。高祖卒，趙佗復立，漢廷多次征伐無功。文帝時，遣使賞賜慰勉，趙佗始肯除去帝號，臣服於漢室。其後，趙佗死，臣下呂嘉殺漢使獨立；武帝元鼎六年（前一一一年），命伏波將軍路博德伐南越，陷廣州，呂嘉與南越王亡命出海，南越亡，其地遂歸漢室統治；漢廷以其地置南海、蒼梧、鬱林、合浦、交趾、九真、日南、珠崖及儋耳九郡，其中南海郡轄管番禺、博羅、中宿、龍川、四會及揭陽六縣。香港地區屬南海郡博羅縣管轄。這個區劃方式沿用至東漢及三國時期。

西晉沿用漢制，香港仍然隸屬於南海郡博羅縣治，番禺鹽官仍駐香港相鄰的南頭。東晉成帝成和六年（三三一年），於南海郡東南部置東莞郡（亦作東官郡），以舊有的司鹽都尉（即前之番禺鹽官）何志為首任東莞郡太守，領轄寶安、安懷、興寧、海豐、海安及欣樂等六縣，東莞郡治所與寶安縣治所同設在南頭。而香港地區已改為隸屬東莞郡寶安縣。

南朝宋、齊、梁、陳四代仍沿前制。到隋朝才廢東莞郡，將其地歸入南海郡，寶安縣轄地亦改為隸屬廣州府南海郡。而香港則仍歸寶安縣管理。

唐初沿隋制，至肅宗至德二年（七五七年），以廣州府領南海、番禺、增城、四會、化蒙、懷集、東莞、清遠、洊水及湞陽等十縣；前寶安縣改為東莞縣，縣治則由南頭移至到涌。香港則隸廣州府東莞縣。五代、宋、元及明初各朝仍之。

明洪武十四年（一三八一年），於東莞縣地設東莞守禦千戶所，治所在南頭。至神宗萬曆元年（一五七三年），廣東巡海道副使劉穩，徇南頭地方鄉民吳祚等的請求，以南頭、深

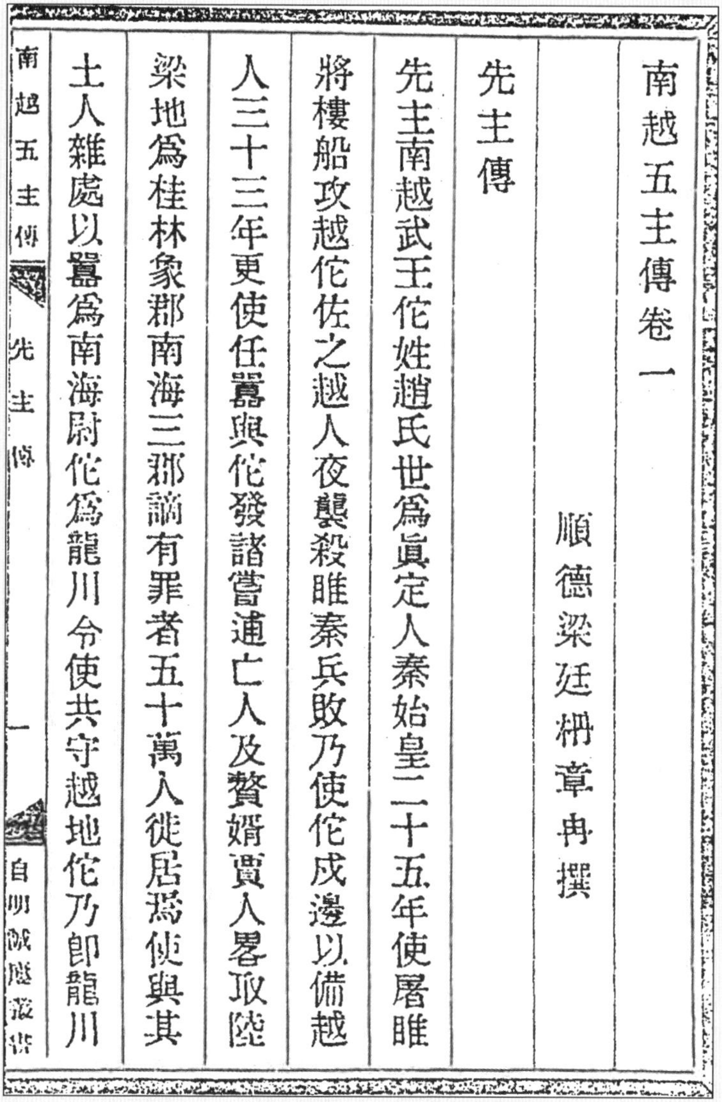
南越五主傳卷一

順德梁廷枏章冉撰

先主傳

先主南越武王佗姓趙氏世爲眞定人秦始皇二十五年使屠睢將樓船攻越佗佐之越人夜襲殺睢秦兵敗乃使佗戍邊以備越人三十三年更使任囂與佗發諸嘗逋亡人及贅壻賈人畧取陸梁地爲桂林象郡南海三郡謫有罪者五十萬人徙居焉使與其土人雜處以囂爲南海尉佗爲龍川令使共守越地佗乃卽龍川

南越五主傳　先主傳　一　自明誠樓叢書

圖 1-6《南越五主傳》書影

圳及香港等地離東莞縣治較遠，管理困難，而且該區又常受倭寇及海盜侵擾，因而要求另設縣治，以便管理。朝廷核准其議，於東莞縣南部濱海地域設一新縣，以舊有新安營參將駐守，名為新安縣，縣治設於南頭。自此，香港地區改屬新安縣管轄。

清初仍沿明制，至康熙元年（一六六二年），清廷以沿海居民接濟台灣鄭成功等義師，遂厲行遷海政策，令沿海居民盡遷入內陸五十里之地，新安縣地被遷三分之二，縣治亦被遷。康熙五年（一六六六年）裁新安縣，將其轄地併入東莞縣。其時香港地域全位遷裁境內，故被荒廢，居民被迫遷回內陸。康熙八年（一六六九年）展界，復設新安縣，縣治仍設在南頭。復界後，香港地區仍歸新安縣管轄；至道光二十一年（一八四一年）仍沿用此制。

道光二十一年，中英鴉片戰爭，清廷戰敗；翌年，割讓香港島與英國；咸豐十年（一八六〇年），九龍半島亦歸英人統治；光緒二十三年（一八九八年），新界亦租借與英人，為期九十九年。至此，香港全區遂盡歸英人管理。

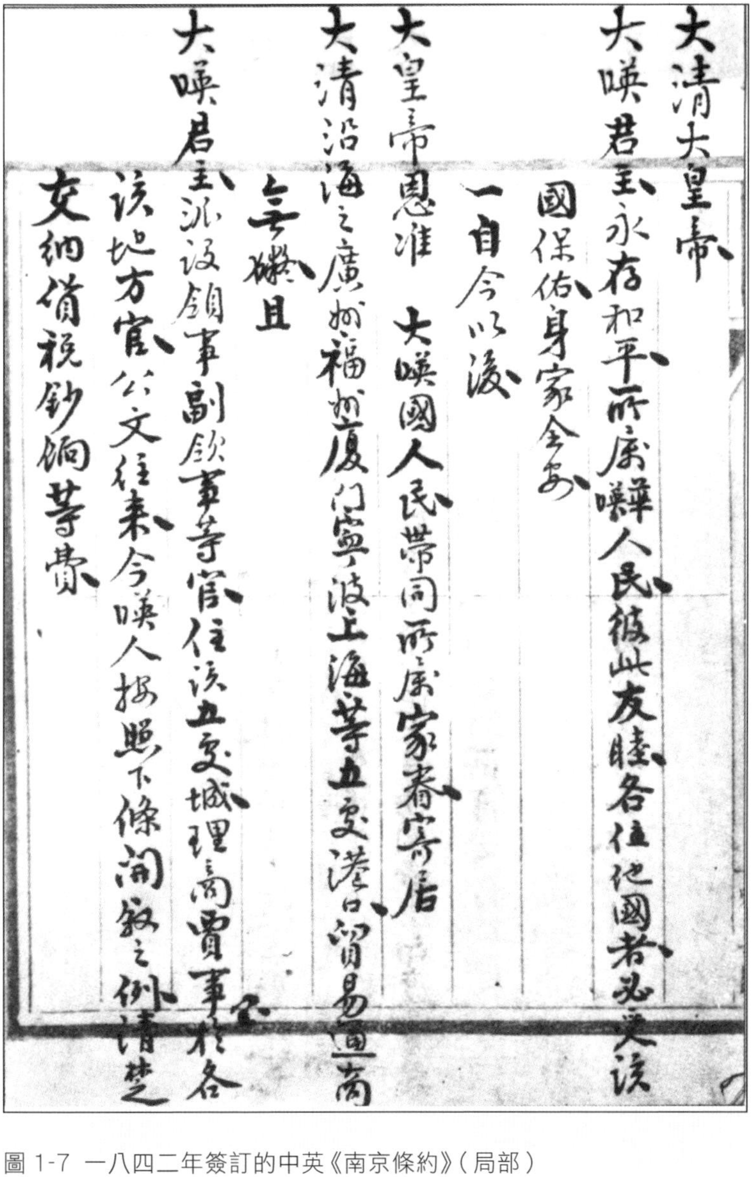
大清大皇帝
大暎君主永存和平所屬華暎人民彼此友睦各住他國者必受該
國保佑身家全安
一 自今以後
大皇帝恩准 大暎國人民帶同所屬家眷寄居
大清沿海之廣州福州廈門寧波上海等五處港口貿易通商
無礙且
大暎君主派設領事副欽事等官住該五處城邑專理商賈事宜於各
該地方官公文往來令暎人按照下條開敘之例清楚
交納貨稅鈔餉等費

圖 1-7 一八四二年簽訂的中英《南京條約》(局部)

香港前代史的歷史分期

香港的歷史，可以一八四二年為一大分期：一八四二年以前為前代史，後者為近代、現代史。

但香港的前代史期間甚長，若從其社會及經濟的發展看來，亦可再分為下列各期：

一　上古期——石器時代至漢代年間

當時本港為畬、傜、蜑等土著聚居之所，以漁農為業，其間之歷史難考，但今新界各山麓上，多有畬田及原始祭壇遺蹟；屯門、大嶼山萬角咀及石壁、長洲大鬼灣（大貴灣）、南丫島洪聖爺灣及大灣等地方，有不少石器文物出土；除此，於長洲東灣、東龍島西北角、滘西洲西北角、香港島石澳大浪灣、蒲苔島南氹、大嶼山石壁、西貢龍蝦灣及香港島香港仔黃竹坑等處，先後發現史前摩崖石刻，刻紋皆形如古之饕餮。可以證明早在上古時代，香港地區已有先民居住。

圖 1-8 九龍李鄭屋古墓

劉漢期間，中原民族亦已有遷入。當時中原民族入遷之歷史亦難考，但據九龍李鄭屋發現之古墓，其墓制與北方中原墓制略同，經林仰山、羅香林、饒宗頤三教授之考證，為漢代古墓；證明漢代時香港地區已有中原人士入遷。

二 蒙昧期——唐宋期間

當時，香港因位於入粵孔道，阿拉伯人及大食人之東來，必經屯門之地，才能抵達廣州；故唐代時，屯門地區曾設屯門鎮，以兵駐守。六朝時，因香港地區盛產珍珠，故南漢間於大埔海一帶設媚川都，派兵駐守，並招募專戶採珠。

趙宋初年罷採珠，廢媚川都，將年少力壯的兵勇編入靜江軍，老弱者遣回原籍。其後，以本區沿海盛產海鹽，遂置官富場，派官專責煮鹽事務，並以摧鋒軍防駐，嚴禁私鹽販賣。

由此可見唐、宋期間香港之經濟地位比以前重要得多，當時中原人士南來經商者日漸增加，至南宋末期，留居的遺臣及散兵亦不少，他們多聚居沿海地域及內陸谷地；當時入遷之較著者，有鄧、彭、林、廖、陶、侯、吳、文等姓，皆定居屯門、徧前圍、錦田、大埔、龍躍頭、粉嶺、屏山及上水等地。土著民族除與之同化雜處外，有些則退居山中，務農為業，亦有泛居海上及沿海島嶼，以捕魚為生。

三　黎明期——明代期間

當時除珠、鹽外，本區山地亦產香樹，稱莞香，香港地區以沙螺灣及瀝源堡兩地所產者為最佳，多運銷北方江蘇、浙江等地；而杯渡山、鳳凰山、竹仔林及擔竿山等地，則盛產名茶；故經濟情況亦較以前為佳。

當時中國北方歷經多次變亂，南遷者日眾，可考者有温、袁、朱、黎、徐、謝六姓，多定居沿海地域；前代定居者人口亦日增，故有分遷立村。據明萬曆年間之《粵大記》一書中之地圖所載，香港境內之地名凡七十四，部分地名為古地名，但據訪問及調查，並參閱香港近代地圖，大部分之地名今仍可考，其中部分沿用至今日，可見其時本港已有相當之發展。

明朝末期，本區常受海寇所擾，朝廷遂於沿海地帶，增設南頭寨，並以戰船巡防洛格至浪白間各汛地，以保衛居民。而位於香港地區的，有佛堂門、龍船灣（今稱糧船灣）及大澳三處。

四 黑暗期——清初順治與康熙初年期間

當時，清廷為着禁止沿海居民接濟明末遺臣鄭成功，遂於順治十八年（一六六一年）八月頒佈「遷海令」，香港全境位於被遷之地，西北自新田等村為起點，東北以沙頭角等村為起點以南的鄉村皆位於被遷之列，居民全部遷回內陸，此致全境空虛，成為盜寇建造巢穴之地，著名的有袁四都，於康熙三年（一六六四年）間，據官富及瀝源等地為巢穴，四出擄劫。

當時境內空無人跡，朝廷亦不理會，只在邊界上建墩台，派兵駐守，禁民出界。位於本港者，有屯門、獅子嶺、大步頭及麻雀嶺等墩台；屯門墩台位於今日青山，獅子嶺墩台位於今煙墩山，大步頭墩台位於大埔舊墟西北，而麻雀嶺墩台則位於今沙頭角與粉嶺間。

五 奠基期——復界後至一八四二年間

康熙八年（一六六九年）展界，陸上地區居民陸續遷回原居地，但海禁仍未廢除，船隻不能出海。至康熙二十二年（一六八三年）五月，台灣鄭氏投降，十月，海禁令遂撤除，船隻始得出洋，沿海島嶼居民始得遷回。

復界初期，遷回故土的原居民不多，因遷海之後，逃遷其他地方者，有的落籍他鄉，無意遷回，亦有的客死途中或異地，故形成田地荒蕪，政府只得致力招集鄰縣人民，墾闢荒地。雍正、乾隆年間，客籍居民由江西、福建，以及廣東之惠州、潮州及嘉應州等地，相率而至；朝廷且下詔獎勵，開設軍籍文武學額，其後另置客籍學額，使自外地遷入的居民有進身之機會。以致客籍農人入遷香港地區的人數大增。但是，前代鹽、珠、香等業早已沒落，故遷回及新入遷的居民皆以漁農為業。

當時，沿海寇禍甚烈，朝廷遂於沿海增建炮台，增兵駐守，至嘉慶中葉，寇禍方被平定。其後，英人東來之威脅日增，香港位廣州府南部，地位日漸重要，故軍防實力亦較前大增。一八四一年後，香港島轉歸英人治理，此形勢始得改變。

六　轉變期——一八四二年後

香港島被割讓後，英人大事發展，其後九龍半島及新界等地相繼轉交英人管理，加以清末民初間中國內地多次內亂之影響，南遷定居香港者日眾，外國資本家亦紛紛在港投資，百餘年間，發展至今日之香港。

香港前代的地方行政

唐代之前，香港地區雖已有中原民族入居，土著亦已與之同化，但因年湮代遠，且史籍難找，故當時區內之行政組織，至今仍難考。

唐初，因屯門之對外交通日漸重要，加以人口日增，故於開元二十四年（七三六年）正月，置屯門軍鎮（軍區），兵額二千，以守捉使一員轄領，隸屬於安南都護府。該軍鎮轄管地域頗廣，包括今寶安縣沿海地域（南頭），及香港新界一帶（屯門山），其治所名屯門鎮，位今寶安縣南頭域，但其位置則無法考究。當時，香港地區位於該軍鎮轄管地域內，故受該軍鎮官兵管理；但派駐香港地區之兵額及長官情況，則至今未能得悉。

五代南漢時，於大埔海及大嶼山一帶沿海地帶，置媚川都，派兵二千餘駐守；仍設屯門鎮，以檢點一員鎮守，但兵額不詳。

趙宋時，仍設屯門軍鎮，名屯門寨，但指揮者之官職，及兵額數目，則難以考究。北宋末年，又於香港及其鄰近地區設官富鹽場，並撥摧鋒水軍三百屯衞，南宋慶元六年（一二〇〇年）減為一半，後來全數罷免。

元代初年，趙宋時設立的官富鹽場地區，被改設為屯門巡檢司，額設巡檢一員，轄管寨兵一百五十人，衙署位屯門寨，但其位置難考。該巡檢司管轄地域，似為今九龍灣西北及西南沿岸，自啟德機場西北角以南，下至土瓜灣一帶，以至尖沙咀等地。元末，改屯門巡檢司為官富巡檢司，設巡檢負責緝捕盜賊、盤詰奸偽之責。

明初仍沿元制，置官富巡檢司，額設巡檢一員，司吏一員，弓兵五十名，巡檢衙置在「官富寨」，其位置相傳在今日九龍城地區，但正確位置難考。該巡檢司所轄地域，史籍上均沒有明確記錄，但根據它原為宋元時代的官富場而論，可見其轄地包括今日香港、九龍及新界等地。

當時，官富巡檢司轄下村莊，不少可見於明《粵大記》廣東沿海圖中的香港部分：

一　大嶼山

雞公頭：今雞翼角，亦稱汾流

大　澳：大嶼山北岸大澳市

東西涌：大嶼山北岸東涌

梅窠村：今大嶼山東北部梅窩

塘　褱：今大嶼山南岸塘福

石　壁：今石壁水塘之地，舊有石壁老圍

沙螺灣：大嶼山北岸沙螺灣村

大蠔山：大嶼山主峯鳳凰山

螺杯澳：今大嶼山南部貝澳

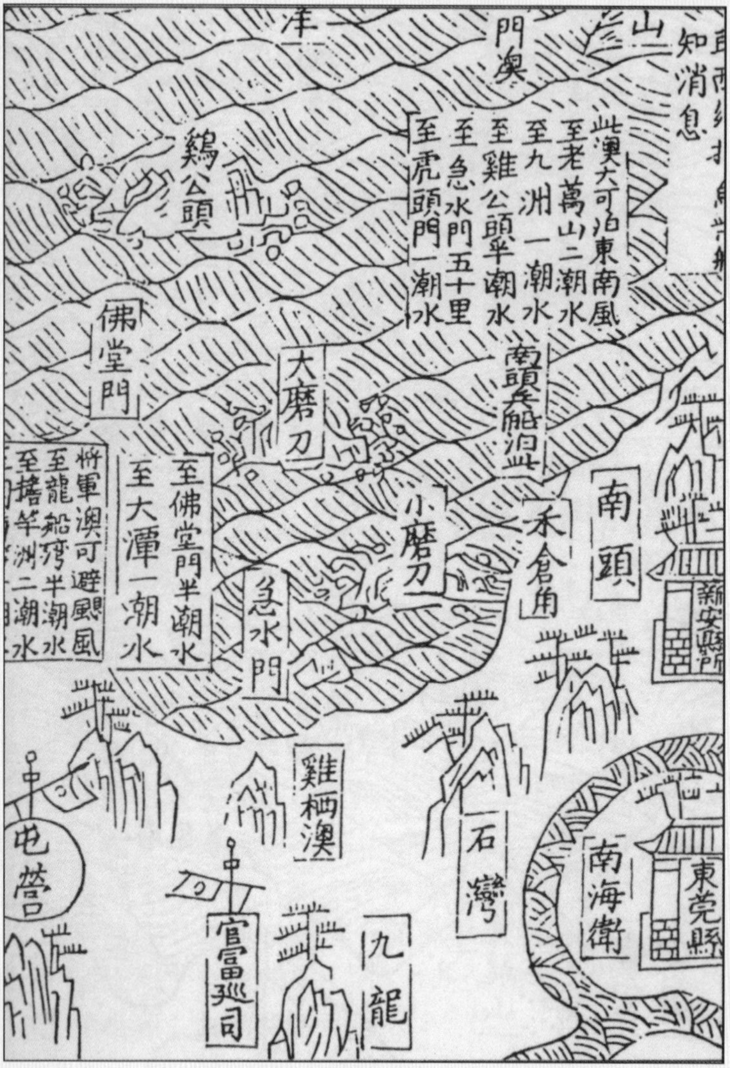

圖 1-9 明代蒼梧總督軍門志中所載官富巡司之位置

圖 1-10《粵大記》中廣東沿海圖所見之香港島

二 香港島

香　港：香港村，位於今日香港仔黃竹坑

鐵　坑：位於今日香港仔黃竹坑與深水灣之間，正確位置難考

春　磑：今春坎角，位於港島淺水灣與赤柱間

赤　柱：位於港島南部赤柱灣畔

大　潭：位於赤柱北部大潭灣畔

稍箕灣：今稱筲箕灣

黃泥涌：今稱跑馬地

三 離島

龍鼓洲：今仍舊名

上磨刀：今稱大磨刀

下磨刀：今稱小磨刀

翁　鞋：疑即今之石鼓洲

長　洲：今仍舊名

博　寮：今稱南丫島，亦稱博寮洲

赤臘洲：今稱赤鱲角

琵琶洲：今龍珠島

仰船洲：今稱昂船洲

急水門：今名馬灣

擔竿洲：今仍舊名
春花落：今青衣島
東　姜：今稱宋崗島
南佛堂：今東龍洲，俗稱南堂島
大金門：今稱大欽門
壅　缸
桑　洲
飯甑洲：位於西貢浪茄灣之南
赤　洲：位於塔門洲之北
平　洲：今仍舊名，俗稱東平洲

蒲　苔：今仍舊名
小擔竿
雞母嶼
福建頭：今稱佛頭洲
小金門：今稱小欽門
銀瓶果
蛇　灣：今稱大蛇灣，
　　位於西貢糧船灣洲西岸
黃茅洲：位於西貢大浪西灣之東北
石牛洋：今稱石牛洲，位大鵬灣東部

四　新界陸地上（《粵大記》中只繪沿海地帶）

西部濱海地帶

龍鼓村：今屯門龍鼓灘村
冷水村：今屯門冷水村，
　　分大小冷水二村

聖　山：今稱青山

掃稈鬱：今屯門掃管笏村

軍　營：疑即今青龍頭之地

葵　涌：今仍舊名

九龍半島及其附近濱海地帶

尖沙咀：今沿舊名

官富巡司：疑位於今日九龍城寨之位置

東部濱海地帶

將軍澳：位於將軍澳畔，俗稱小夏威夷

布袋灣：位於西貢清水灣之南，今稱布袋澳

蠔涌村：今西貢蠔涌村

官　門：近稱萬宜村，即今萬宜水塘

交塘村：今西貢高塘村

屯　門：今屯門舊墟

欖　涌：今稱大欖涌

淺　灣：即今荃灣

九龍山：今尖沙咀北部京士柏之地

大小官富：疑即今官塘一帶

赤　沙：位於將軍澳東部

北佛堂：位於西貢田下山之南部

沙角尾：今西貢沙角尾村

榕樹澳：位於吐露港企嶺下海東岸

瀝源村：今沙田瀝源之地

大步頭：今稱大埔頭　　赤　澳：疑位於今吐露港赤門海峽南岸

鹿　頸：位今沙頭角海南岸　　黃竹角：位今吐露港赤門海峽北岸

荔枝窩：位今沙頭角半島上

除此，新界北部地區，圖中未有繪載。但從以上所列地名亦可見當時香港已具相當的發展。

至明代巡檢所職掌，據明嘉靖《廣東通志》中載，為「專一盤詰往來奸細，及販賣私鹽犯人，逃軍逃囚，無引面生可疑之人」；其盤詰之事有三種：其一曰：凡軍民人等往來，但出百里者，即驗文引。其二曰：巡檢司縱客境內隱藏逃軍，一歲中被人盤獲十名以上者，提問如律。其三曰：凡軍民無文引，及內官內使來歷不明，有藏匿寺觀者，必須擒拿送官，仍許諸人首告得實者掌，縱容者同罪。」可見其職責與元代相同。

清初，因禁沿海居民接濟台灣及沿海之明代遺臣，實行遷海政策，官富巡檢司轄地遂被廢置，康熙五年（一六六六年）省新安縣入東莞縣。康熙八年（一六六九年）展界，復置新安縣仍設官富巡檢司。其時，新安縣境內分三鄉，內分七都，五十七圖，五百零九村。香港位五、六兩都內，復界後仍存在的村落如下：

五都

錦田村　圓岡村　上村村　鑑巷圍

圓蓢東臭　田寮圍　鬱子圍　長莆圍

教場莆　石岡圍　竹園圍　亞媽田

白沙岡　水蕉圍　山下圍　水邊圍

橫州村　大井村　角子頭　大塘村

屏山圍　香園圍　石步村　田心村

蓢下圍　厦村圍　長岡村　雞柏嶺

沙岡村　蚺蛇鬱　輞井圍　羊凹村

屯門村　小坑村　石榴坑　子屯圍

莆塘下　新田村　新壆村　乾涌村

洲頭村　勒馬州　米步村　蕉逕村

西山村　石湖塘　壆頭圍　沙莆圍

高莆圍　圓蓢沙莆

以上俱延福鄉，在大帽山之內

掃管鬱　淺灣村　葵涌村　企嶺村

沙田村　官富村　衙前村　九龍村

莆岡村　古瑾村　□尾村　新村圍
犬眠村　葫機達　黃泥涌　香港村
烏溪尾　沙角尾　蠔涌　北港
湴涌村　定角村　澳尾村　洞仔村
瀝源村

以上在大帽山之外

東西涌　螺杯澳　石壁村　梅窩村

——俱在大奚（嶼）山

六都

大步頭　龍躍頭　逕口村　下坑村
樟木頭　牛蜞龍　新村　田寮村
黃竹洋　跳頭村　龍塘村　蔴雀嶺
高唐凹　坑頭村　塘坑村　河尚鄉
藍坑村　丙岡村　蓮塘尾　唐公嶺
西邊村　麥園村　上水村　嶺仔下
莆上村　平源村　鳳凰湖　凹背村

荔枝窩	黎峒村	上下園	泰坑村
林村村	萬屋邊	沙角寮	小瀝源
碗寮村	楓園村	粉壁嶺	蓮麻坑
峒尾村	樟木萌	松園下	谷豐嶺
丹竹坑	山雞鬱	谷步村	塘坑村

當時，原日巡檢衙門於遷海期間經已廢圮，故只得移設赤尾村，暫借民舍應用。至康熙十年（一六七一年），巡檢蔣振元捐俸買地建署，自是，官富巡檢始獲衙署，仍位赤尾村內。

該巡檢司額設巡檢一員及司吏一員，其職掌與明代之官富巡檢同。

嘉慶年間，因社會安定，境內繁榮，客籍人士之入遷大增，官富巡檢司轄管區內之村落亦相繼大增。嘉慶中葉，該司管屬村落共三百零一，客籍村落共一百九十五。

香港境內官富司管屬村莊

錦田村	屏山村	屏山香園圍	屏山廈尾村
廈川村	長岡村	新隆村	新圍村
錫降圍	錫降村	東頭村	屯門村

西山村
石岡圍
合山圍
竹園圍
元蓢東臬村
山背村
欖口村
白沙村
港頭村
東新村
蚺蛇鬱
廣田村
莆塘下
石榴坑
沙螺灣
二澳村
青龍頭

輞井村
石湖塘
東安圍
元蓢李屋
元蓢福田村
水邊圍
田寮村
田心圍
大橋村
張屋村
沙岡村
雞柏嶺
小坑村
梅窩村
塘福村
水口村
龍躍頭

高莆村
圓岡村
學頭圍
元蓢南邊圍
元蓢青磚圍
水邊村
木橋頭
大塘村
石步李屋村
大井村
鰲冚村
新豐圍
中心巷
牛凹村
石頭莆
由古萌
河上鄉

英龍圍
上村村
沙莆圍
元蓢西邊圍
福安村
馬田村
深涌村
山下村
石步林屋村
橫州村
隔田村
子屯圍村
袁家圍
石壁村
石門甲
平洲灣
金錢村

燕岡村
莆上村
橋邊莆
大嶺下
張屋村
半步村
泰亨村
大窩陳屋
塘坑村
塘面村
樟木頭
大洞村
榕樹澳
北港村
北潭村
菱香逕
田心村

丙岡村
嶺下村
粉壁嶺
石湖墟
唐公嶺
軍地村
大步頭
湴涌村
大窩黃屋
新屋村
西澳村
官坑村
馬牯纜
蠔涌村
赤逕村
大灣村
逕口村

孔嶺村
隔田村
松柏蓢
州頭村
長瀝村
黎峒村
文屋村
南坑村
圍頭村
隆興村
田寮村
上下峯
沙角尾
滘塘村
樟上村
仰窩村
隔田村

上水村
永安村
古洞村
新田村
官涌村
丹竹坑
大步墟
豐園村
鍾屋村
烏溪沙
井頭
西逕村
黃竹洋
大浪村
馬鞍山
積存圍
小瀝源

九龍寨
牛池灣
尖沙頭
二黃店村
薄鳧林
葉屋村
鳳凰湖
大莆田
松園下
新屋嶺
梅林逕下
下新村
田心圍
塘頭下新墟
鹽田田寮下

衙前村
古瑾村
芒角村
黃泥涌
掃管莆
陳屋圍
週田村
山雞鬱
凹下村
上梅林
東山村
嶺貝村
松源頭村
隔水村
大輞仔

蒲岡村
九龍仔
土瓜灣
香港村
赤磡村
筆架山
李屋村
塘坊村
木湖圍
下梅林
岡下村
烏石下
白坭坑
白沙澳

牛眠村
長沙灣
深水莆
薄寮村
福興圍
澗頭圍
平源村
土狗莆
新屋邊
龍塘村
谷田村
上新村
新圍仔
橫塘村

香港境內官富司管屬客籍村莊

大輞仔	樟樹莆	大望	蓮麻坑
丹竹頭	木棉灣	松園頭	水逕窩
梅子園	茅坪	梅林	九龍塘
香園	蓮塘	莆心	禾逕山
鳳凰湖	禾坑	平洋	萬屋邊
凹下	麻雀嶺	烏石	鹽竈下
南涌圍	七木橋	鹿頸	平洋村
烏蛟田	馬尿	荔枝窩	風坑
逕下	榕樹凹	鎖腦盤	新村
擔水坑	山咀	逕口	凹頭
黃茅田	金竹村	大輋尾	園墩頭
龍眼園	藍山	沙岡墟	碗窰
沙螺洞	圍下	坪山子	丹竹坑
鶴藪	莆心排	黃魚灘	下坑
洞子	社山	蓮逕	平蓢
柏鰲石	梧桐寨	寨乪	大芒輋

大菴　上下寨　水蕉　城門　葵涌子　油甘頭　九肚　沙角尾　爛泥灣　沙田　大水坑　莆上圍　馬鞍堂　大蠔　賴屋山

蕉逕　橫台山　大窩　穿龍　青衣　花山　花香爐　上洋　大灣　大腦　石湖墟　大埔圍　早禾坑　橫萌　吉澳

坑頭　馬鞍岡　上下塘　淺灣　田富子　帳頂角　孟公屋　檳榔灣　荔枝莊　中心村　坑下莆　松園下　深水埔　白芒　杯凹

牛牯角　長莆　響石　長沙灣　蓮塘尾　樟樹灘　井欄樹　芋合灣　馬油塘　黃竹山　莆上村　岡頭子　白石咀　東涌嶺皮圍　甲颯洲

圖 1-11 九龍城中華傳道會恩光園，前九龍城衙署所在

道光二十一年（一八四一年）鴉片戰爭，清廷戰敗，翌年，割官富巡檢司所屬的香港島予英人。道光二十三年（一八四三年），以九龍半島接近香港島，而官富巡檢衙署又位於內陸，管理甚為不便，因此移新安縣官富巡檢為九龍巡檢，衙署則建於九龍寨城內，現為中華傳道會之恩光園。

九龍巡檢之品秩與前官富巡檢相同，仍為從九品，職掌除與官富巡檢相同外，並負責「稽查（船隻）出入，務令華夷相安，斷不可任吏胥勒索，別生事端」；但「無征收稅課之責」。至所屬村莊，則較前時減去黃泥涌、香港村、薄鳧林、掃管莆等位於香島上之村落。

咸豐十年（一八六〇年），九龍半島割予英屬，半島上之衙前村、莆岡村、牛池灣、牛眠村、古瑾村、九龍仔、長沙灣、尖沙頭、芒角村、土瓜灣、深水莆、二黃店村等割予香港政府管理。

光緒二十四年（一八九八年），新界地區租借與英人，九龍巡檢所轄各村，除深圳河以北者外，皆割予英人轄管。翌年，英人接收新界，並派兵驅逐九龍寨城內清廷官員，九龍巡檢司遂亦被裁設。自此，香港地區遂全歸英人治理。

圖 1-12 英官員在邊界豎立標記

清代香港新界地區的鄉治

清代香港新界地區雖位於官富巡檢司管轄區內，但該司只設巡檢一員，從九品，司吏一員及差役五十名，實力實不足以巡衞全境，為確保徵賦及治安計，遂將境內地方劃分鄉、都、圍及村等地方自治團體，由官諭選舉區內紳耆或族中品高望重者，負責區內事務。

當時，鄉間實施保甲制，以十戶為一排，十排為一甲，十甲為一保（或為一里），設一地保，同時亦置一總理，都是由耆老推舉，經官方准許發給諭戳。地保為地方警察的其中一種，屬胥役，在鄉稱鄉保，其職務為：

一、查覆稟請鄉賢、名宦及節孝等的入祀。
二、查報候選與候補官吏及赴考生員的身家。
三、協助捕捉案犯。
四、查察不善之徒。
五、看管未決囚犯。
六、驗傷、驗屍，並作報告。

七、協辦保甲、鄉村聯盟、冬防及團練等事務。

八、查報田園及賦役。

而被推舉為總理的，為人務求誠實、謹慎、勤勞及公正，且須有家室及正業；由里或保內數位有權勢者推舉，亦有直接由官方遴選者。其任期無限定，但每當縣正堂新任時，便應換領新諭戳。其權限為：

一、辦理團練、冬防及鄉村聯盟條約。

二、編審保甲，發給門牌。

三、協助鄉保辦理調處管理區內人民的錢穀、戶籍及婚嫁等事情。

四、稟報區內不善之徒，以保地方安全。

五、轉達官方命令於區內。

六、管理公共事業。

除此以外，各村內事務皆由耆老及族長管理。耆老，俗稱村長，亦稱父老，須年紀較大，但主要須有學識及資產，同時為民望素孚者。其權限為：

一、約束村民。

二、稟報不善之徒。

三、與總理、鄉保協辦村內條約。
四、遇團練及冬防時，即抽村內壯丁，以報總理。
五、幫助丈量委員丈量田地。

至於聚族而居且人口眾多的地方，都會在族中擇選德高望重者一人，立為族正，俗稱族長，負察舉族內良莠及約束子弟之責。族長由族人自行選舉，官方並不發給諭戳。

清末，勢力較弱的家族或村莊，為着對抗鄰近勢力較强者，通常會組織聯盟。聯盟屬於地方自治團體性質，其包括的區域，官方不予規定，任由鄉民自定而呈報；區內鄉民自選其總理，由官方監督，以綜理境內公務。這種鄉村聯盟雖無成文法的根據，但有習慣的鄉規，而且有立為合約，由總理、地保等人予以維持及執行。若區內有重要事務，仍由區內的村長及族長等辦理。

當時，新界地區鄉約聯盟中可考的，有打鼓嶺六約、打鼓嶺四約、沙頭角十約、大埔墟七約、沙田九約、上水舊約、上水（報德祠）新約、荃灣四約、西貢六約、林村約、粉嶺約、龍躍頭約、元朗十八、錦田八鄉、城門八鄉等。這些鄉約聯盟組織，都以其境內的主廟為集會場所，以神誕及太平清醮等慶典為各村的聯繫活動，共同管理墟市內的貿易利益。

一八九八年英人租借新界後，名義上的鄉約聯盟仍然存在，但這種自治政制已逐漸被新設的制度取代，只剩下部分鄉規習例仍被維持及執行。

第二章

香港古代史（上古至清中葉）

上古時期的香港

一 史前時代

赤鱲角及馬灣考古遺址的發現，證明遠在六千多年前，香港地區已有先民活動；其時，他們活動的地區，大多是位於沿海岸的沙丘、小山崗或內陸的小溪邊。

近年來，考古學者在港九及新界各海岸地域進行考古發掘，[1]獲得石環、石碑、印紋陶器、夔紋硬陶器、彩陶器物及青銅器頗多，[2]可證境內的史前文化遺址，分屬新石器中晚期及青銅器時代，可惜至今仍未有房舍遺蹟發現。

此外，在東龍島、蒲台島、港島石澳大浪灣及黃竹坑、大嶼山石壁、長洲、西貢滘西洲及龍蝦灣八處，均發現先民時代的古石刻。[3]這些石刻，疑為先民的圖騰圖形，用以鎮海，或為先民祈求子孫昌旺之所。[4]另在大嶼山汾流及杯澳、南丫島洪聖爺灣、西貢海下等處面海的山麓上，有石圓環多處，皆疑為先民祭天的地方。

新界大帽山山麓，仍保存先民耕種畬田的遺蹟，以及祭祀神壇一處，[5]但可惜無其他文物可供研究。

據出土文物所顯示，區內的先民大多以漁農為業，亦有製造陶器用物，其房舍疑為以竹木蓋搭，故難有遺蹟保存，以供研究。

1 港九新界各地發現的考古遺址，合共一百處：位於港島者四處，新界共二十一處，大嶼山三十四處，南丫島十四處，長洲六處，赤鱲角島四處，其他島嶼共十七處。詳見《香港文物》，頁一八至一九。

2 詳見《香港文物》，頁一一至一四。

3 東龍島的石刻屬蟠螭紋；蒲台島、大嶼山石壁、長洲及西貢滘西洲者屬雲雷紋；石澳大浪灣及黃竹坑者屬饕餮紋；至於龍蝦灣者，至今仍未能考訂。詳拙與林天蔚師合著《香港前代史論集》（台北：台灣商務印書館，一九八五年），頁六二至七二。

4 參看拙著《香港歷史與社會》（香港：香港教育圖書公司，一九九四年），頁四七至四八；以及秦維廉（William Meacham）《香港古石刻——源起及意義》（香港：基督教中國宗教文化研究社，一九七六年），頁四十。

5 該神壇位於嘉道理農場內之山上。

圖 2-1 大嶼山東涌考古遺址

圖 2-2 蒲台島上回紋石刻

深圳特區
新界
17
18
九龍半島
19
香港島
2
3
1
4
6
5
7

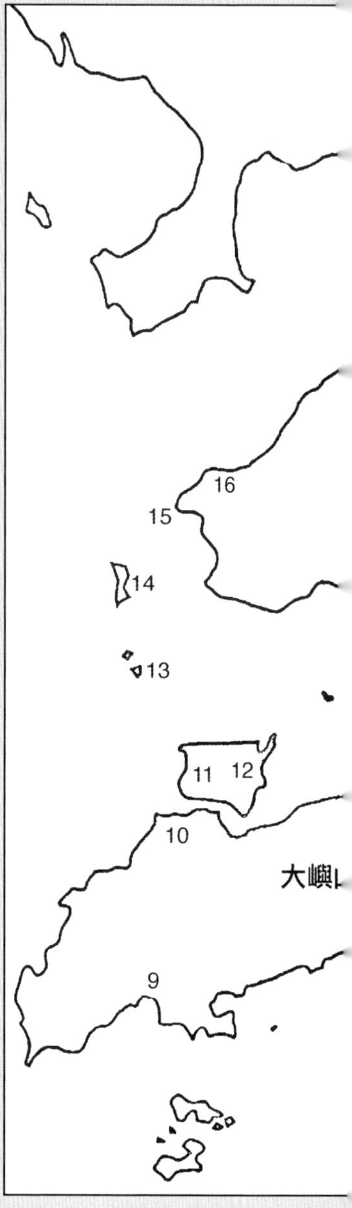

圖 2-3 新石器及青銅器時代重要遺址分佈圖

1 舂坎灣
2 沙埔村
3 大灣
4 蘆鬚灣
5 深灣
6 西灣
7 鯆魚灣
8 大浪灣
9 東灣
10 沙螺灣
11 虎地灣*
12 過路灣*
13 沙洲
14 銅鼓
15 龍鼓上灘
16 湧浪
17 沙柳塘灣
18 蟹地灣
19 萬角咀

* 二十世紀末，因興建新機場而將赤鱲角夷平。因此，虎地灣及過路灣已湮沒於現在的機場。

二 秦漢時代

嬴秦時代，香港屬南海郡番禺縣管轄，至漢代則改隸博羅縣。[1] 其時區內的情況無考，亦無當代的文物可供研究。

一九五五年，在九龍李鄭屋村地區，發現古墓一座，經考證為東漢期間之物，墓內明器包括銅鏡、銅碗、陶碗及農村屋宇小模型等，皆疑為東漢期間之物。該農村屋宇模型，可證其時已普遍為單戶農耕居室。該墓的頂部呈拱形，為當時建築的特色。古墓是現在香港境內獨一的遺蹟。[2]

三 南北朝時代

東晉末年，香港地區已較發達，名僧亦多駐錫或路經，然後才轉往交廣地區，其著者有杯渡禪師。[3]

1 清舒懋官《新安縣志》卷一〈沿革志〉。
2 詳見《李鄭屋漢墓》，香港歷史博物館。
3 此外，其著者有耆域、求那跋陀羅、菩提達摩及昆尼多流支等。

圖 2-4 李鄭屋漢墓出土文物

圖 2-5 清舒懋官《新安縣志》之《杯渡禪蹤圖》

杯渡禪師為南朝劉宋年間奇僧，其姓名及籍貫難考，因喜乘大木杯渡水，故名杯渡。他曾於建康（今南京）居留頗久，先見於冀州，再從孟津渡河，往來於長江下游，後來行向交廣之間，最後不知所終。只知其人在屯門候船出海，此後則未再回中土；或謂其原籍印度，先從西域入華，再由海道西返。[1]

東晉隆安年間（三九七至四〇一年），有南越人，鄭姓，披剃出家，在今屯門地域，建普渡寺，示佛法普渡之意。[2]其後，杯渡禪師曾駐錫該地；後人遂稱該山為杯渡山。[3]不過，區內並無遺蹟可供考究。

東晉末年，孫恩、盧循為亂長江下游及福建等地。元興二年（四〇三年），晉將軍劉裕率兵征討；盧循敗亡後，其餘眾退居廣東南部海中，稱盧餘，其地稱盧亭，疑為今大嶼山一帶，[4]可惜亦無法證明。

由以上可見，在上古時期，香港地區已漸次發展，惟無文獻作有系統的記錄。

1 梁釋慧皎《高僧傳》卷十〈神異〉下之杯渡傳。
2 唐德源和尚《泰山老人石堂集》之道朗法師碑文。
3 清舒懋官《新安縣志》卷十八〈勝蹟略〉之杯渡山條。
4 清陳伯陶《東莞縣志》卷二十九〈前事略一〉晉安帝義熙六年（四一〇年）及七年（四一一年）兩條。

唐代的香港

香港位於中國南海的北岸、珠江三角洲的東岸，其名稱初不見載於史籍，[1]惟在唐代時，香港地區曾以屯門一名見著，且載於史籍。

1 香港一名，本為明代一小村落的名稱，首見於明郭棐《粵大記》卷三十二〈政事類〉海防之《廣東沿海圖》。

一 屯門的位置

屯門，[1]亦稱團門，[2]又稱段門，位於香港新界的西部，境內主山為屯門山，[3]又名青山，[4]古名杯渡山，[5]英人稱之為堡壘山（Castle Peak）；[6]其東為屯門灣，又名青山灣，古名屯門澳；灣的東面為九逕山，其南為大嶼山，又名大蠔島，[7]古稱古門島。[8]

屯門一名，首見於《新唐書．地理志》，[9]其地理位置緊扼廣東珠江口外交通要衝，故自劉宋時，該處已為一重要海門，凡波斯、阿拉伯、印度、中南半島及南洋群島等地人士，欲由海路到中國貿易者，則必先集屯門，然後北上貿易。[10]

二 唐代涉及屯門的詩篇

屯門的地位既然重要，經其地的商旅頗多，文學之士對屯門交通的重要亦有耳聞，故時亦有酬詠屯門的詩歌。

唐詩中曾涉及屯門者，以《韓昌黎集》卷六《贈別元十八協律》第六首為最早；元十八，名集虛，初由柳宗元介紹韓愈相知，韓氏遇貶南下時，元十八適在桂管觀察使裴行立幕中，而受裴氏遣之相隨勞問，至廣州才分別。韓氏此詩大概即成於廣州，詩云：「寄書龍城守，君驥何時秣？峽山逢颶風，雷電助撞捽。乘潮簸扶胥，近岸指一髮。兩岩雖云

1 近人吳雲於《香港史地》第八期（一九三七年七月二十四日《星島日報》）之〈青山史話〉一文謂：「屯門這個地方，顧名思義，大概是指設了屯田防衛的兵而言。」

2 清初《海疆圖說》（《台灣文獻叢刊》第一五五種）中《粵東海圖說》的輿圖上作「團門」。

3 宋歐陽修、宋祁《新唐書》卷四十三下〈地理志〉載：「廣州東南海行二百里，至屯門山。乃帆風……西行約二十日，抵佛逝國。」

4 近人李君毅的〈屯門與青山禪院〉一文（登山臨水篇之二十一）中引佛曆二千五百零二年（一九六〇年）了幻大師的門下弟子，為其師所立的碑傳中云：「然師事老和尚，……乃偕老和尚，漫遊新界，至屯門杯渡山，……隱居其中，……以其山松柏叢生，蔥翠遍野，故改其山名為青山，號其寺曰青山寺。」考了幻大師俗姓張，別號純白，生於清光緒五年（一八七九年），圓寂於一九四一年。老和尚即顯奇法師，俗名陳香亭。青山禪院建於一九一八年。是則「青山」一名的出現，始於民初青山禪院興建之後。

5 清陳伯陶《東莞縣志》卷四十〈古蹟略四〉附杯渡菴條，引宋蔣之奇《杯渡山詩・並序》，云：「廣州圖經：杯渡山在東莞屯門界三百八十里。耆舊相傳，昔有杯渡師來居屯門，因以為名。」清嚴如熤《洋防輯要》卷八〈廣東方輿紀要〉之廣州府新安縣杯渡山條載：「杯渡山在縣東南百二十里下濱海，舊名屯門山，上有滴水岩乃虎跑井。」

6 因其山頂狀如堡壘，故英人稱之為堡壘山（Castle Peak）。

7 近年出版的香港地圖，亦有稱之為大蠔島。

8 見拙與林天蔚師合著《香港前代史論集》，頁一三五至一五二。

9 見宋歐陽修、宋祁《新唐書》卷四十三下〈地理志〉。

10 宋周去非《嶺外代答》卷三〈航海〉之外夷條載：「三佛齊之來也，正北行舟，歷上下竺與交洋，乃至中國之境。其欲至廣者，入自屯門。」

牢，木石互飛發。屯門雖云高，亦映波濤沒。余罪不足惜，子生未宜忽。胡為不忍別？感謝情至骨。」其詩提及屯門，想為因廣州為濱海之地，而屯門又為廣州外港，故詠之以示遠謫之苦。

又《全唐詩》第六函第二冊，其中載劉禹錫的《踏潮歌》及其小序，云：「元和十年（八一五年）夏五月，終風駕濤，南海泛溢。南人云：踏潮也，率三歲一有之。客或言其狀，因歌之：屯門積日無回飆，滄波不歸成踏潮。轟如鞭石屹且搖，亙空欲駕黿鼉橋。驚湍蹙縮悍而驕，大陵高岸失岧嶢。四邊無阻音響調，背負元氣掀重霄。介鯨得性方逍遙，仰鼻噓吸揚朱翹。海人狂顧迭相招，罽衣髽首聲嘵嘵。征南將軍登麗譙，赤旗指麾不敢囂。翌日風回沴氣消，歸濤納納景昭昭。烏泥白沙復滿海，海色不動如青瑤。」其時屯門為廣州外港，故凡自海上湧至的風濤，皆目之為屯門海潮。

三　唐代的屯門鎮

唐初，以屯門在對外交通上日漸重要，故於該處置屯門鎮，[1] 設守捉使以保衛。[2] 屯門鎮設於唐開元二十四年（七三六年）正月，兵額二千，隸屬安南都護府。[3]「屯門鎮」一名，分廣、狹兩義。廣義者為一大地區，即屯門軍鎮（軍區）；狹義者，即該軍鎮的治所。

《新唐書・兵志》載：「唐初，兵之守邊者，大曰軍，小曰守捉，曰城，曰鎮，而總之者曰道。」[4] 觀此，可證「鎮」為其時戍邊之兵，即邊陲的軍鎮。是以，「屯門鎮」即「屯門軍鎮」無疑。

該軍鎮轄衞的地域頗廣，清顧祖禹《讀史方輿紀要》中載：「南頭城東南二百里，至屯門山，唐置屯門鎮兵，以防海寇。」[5] 這可證屯門鎮轄管的地域頗廣，包括今寶安縣沿海地域（南頭）及香港新界一帶（屯門山）。此外，雖遠至浙江沿海永嘉等地，亦屬該軍鎮防地。[6]

1 宋歐陽修、宋祁《新唐書》卷四十三上〈地理志〉載：「（南海郡）有府二：曰綏南、番禺。有經略軍，屯門鎮兵。」

2 唐杜佑《通典・兵典》中載：「開元二十一年（七三三年）置嶺南（道）五府經略使，……又有守捉使三，以防海寇。」此類防禦海寇的守捉使，自必駐防沿海險地。屯門既為軍鎮，則必有專資防禦海寇的守捉使駐紮指揮。

3 宋王溥《唐會要》卷七十三〈安南都護府〉，開元二十四年（七三六年）正月條。

4 宋歐陽修、宋祁《新唐書》卷五十〈兵志〉。

5 清顧祖禹《讀史方輿紀要》卷一百一〈廣東二〉之新安縣梧桐山條。

6 同上，「天寶二載（唐玄宗天寶二年，即七四三年），海寇吳令光作亂，南海郡守劉巨麟，以屯門鎮兵討平之。」其時吳令光為患浙江沿海，並擾永嘉郡，南海太守劉巨麟（亦作鱗）以屯門鎮兵泛海北上平之。此可見該軍鎮轄地之廣，雖遠處永嘉之地，亦屬其防區。

圖 2-6 一九六〇年代的青山灣（屯門灣）

屯門軍鎮的治所，名屯門鎮，其所在地即今南頭城。明顧炎武《天下郡國利病書》中載：「按：東莞南頭城，古之屯門鎮，乃中路也。」[1]可見「屯門鎮」的狹義，為該軍鎮的治所，名屯門鎮，位於今寶安縣南頭城，[2]但其位置則無法考究。

四 唐代香港的社會經濟情況

唐朝初年，香港地區屬廣州府南海郡寶安縣，至肅宗至德二年（七五七年），寶安縣改為東莞縣，縣治自南頭移至到涌，香港地區遂亦轉隸廣州府東莞縣。[3]其時，區內居民仍多為土著，以畬、傜為主，濱海地域則多蜑民。北方中原大族或亦有南徙，在此建村定居，與原住民同化，但情況今已難考。

區內的畬、傜土著，其聚居地帶今已難考，且無史籍記載，不過在今香港新界及離島的山麓上，仍有很多畬（斜）田遺蹟，[4]且以「畬」字及「洞」字為村名者也不少，故此等地區皆疑為早期畬、傜聚居之所。[5]

1 明顧炎武《天下郡國利病書》〈廣東下〉之海寇條按語。明曹學銓《大明一統名勝志》（又名《大明輿地名勝志》）卷一〈廣州府〉之新安縣條中載者相同。

2 詳見拙文〈南頭城沿革考〉，載《香港寶安商會七十周年紀念特刊》。

3 詳見清靳文謨《新安縣志》卷三〈地理志〉之沿革。

4 「輋」即「畬民」，以刀耕火種為業，其所耕的「梯田」亦稱「輋田」。香港新界粉嶺陳氏及趙氏於其族譜中載述，其祖先田產中有「輋（田）」。

5 香港新界及離島地區以「輋」字為村名者，有沙田的上禾輋、下禾輋、大輋；錦田的上輋、下輋；大埔林村的大芒輋；沙頭角蓮麻坑的坪輋；十四鄉的輋下；西貢蠔涌的莫遮輋、橫輋；西貢北港的輋經篤；東平洲的輋腳下；大嶼山東涌的藍輋等村，皆疑為輋族居處。至區內以「洞」字為聚落名稱者，皆位於香港新界大陸上：有粉嶺丹竹坑的萊洞（舊稱黎洞）、下萊洞；十四鄉的大洞、大洞禾寮；上水的古洞；船灣畔的沙螺洞（亦稱沙蘿洞）、洞梓；西貢深涌的南北洞（亦作牛湖塘）；西貢蠔涌的蠻窩，以及大埔的桃源洞等，皆疑為傜族所居的蠻洞或蠻窩。

濱海地域的蜑人，疑為粵遺民，以舟為居，捕魚為業；[1] 居離島者，則疑為東晉盧循之後，亦以捕魚為生，[2] 或以煮鹽為業。今香港地區沿海發現唐代灰窰凡十處之多，[3] 可證其時蜑民分佈地區的廣闊。

---

1 清范端昂《粵中見聞》卷二十〈人部八〉之蛋人條載：「秦時，屠睢將五軍臨粵，肆行殘暴，粵人不服，多逃入叢薄，與魚鱉同處，蛋即叢薄中之遺民也。世世以舟為居，無土著，不事耕織，惟捕魚及裝載為業。」香港地區位於粵東南陲，沿海蜑民想即為此等南遷避亂粵人之後。

2 同上，「廣州城東南百里，有盧亭，亦曰盧餘。相傳晉賊盧循兵敗入廣，泛舟以逃居海島上，久之，無所得衣食，子孫皆赤身，謂之盧亭。男婦皆椎髻於頂，女乃嫁始結胸帶；常下海捕魚充食，能於水中伏三四月不死，蓋異於蛋，而類於魚者也。」可見離島地區的居民，亦有南遷避亂者，惟與蜑民有別。

3 香港沿海發現唐代灰窰凡十處，大多位於濱海沙灘上：青山石角咀有一窰完整出土、港島春坎灣有磚建窰出土、赤鱲角虎地灣有灰窰出土、南丫島深灣有灰窰出土、南丫島蘆鬚城有十窰完整出土、長洲大鬼灣有五窰完整出土、長洲鯆魚灣有遺物出土、大嶼山蟹地灣有遺物出土、大嶼山二浪有十四窰完整出土、大嶼山石壁有遺物出土。詳見 William Meacham (ed.), "The Lime Kilns and Hong Kong's Early Historical Archaeology," *Journal of the Hong Kong Archaeological Society*, Vol 7 (1976-1978)。此等灰窰，多用以焚煉石灰及蠣灰，以固漁民的舟縫，亦有以之黏砌屋牆。明宋應星《天工開物》卷十一〈石灰〉載：「凡石灰，經火焚煉為用。成質之後，入水永劫不壞。億萬舟楫，億萬垣牆，窒隙防淫，是必由之。……凡温、台、閩、廣海濱石不堪灰者，則天生蠣蚌以代之。」

圖 2-7 馬灣東灣仔出土的唐代灰窰

北方大族南遷定居之所，今雖難考，但近年在屯門地區有唐代文物出土，[1]可證其地或曾為北方中原大族所居停。

五 小結

香港地區位處粵東南陲，本是崋、傜、蜑等土著聚居之所，秦漢間已有中原人士入遷，[2]至東晉末，入遷避亂者日眾。至唐時，以屯門位於入粵孔道，故設屯門鎮，派兵駐守，由是，隨軍南來經商者日多，他們大多聚居屯門灣畔，其他地區則人跡仍少。而中原人士大量入遷香港地區，則遲至宋元期間。[3]

1 一九七七年十月在香港屯門小坑村發現一對唐末陶塔（亦稱魂瓶），其一已遭鋤崩。完好者高三十六點五厘米，瓶身最闊處約二十一厘米，瓶口闊約十一厘米，口部有蓋，全身棕色，部分釉彩已褪落；瓶身上部有六個小佛像：三個雙掌合什，另三個則吹簫；佛像之下至瓶腳處，有四條波浪式花紋。據香港中文大學文物館前館長屈志仁鑑定，該物為唐末五代期間之物，當代人物用以盛載骨灰、符咒，或為陪葬時盛載飲食物品之用。該瓶現為香港歷史博物館收藏。此類陶塔於一九六七年在南丫島亦有發現，珠江三角洲一帶發現頗多。位於屯門灣位部的赤鱲角島，於一九八〇年發現唐窰兩座，其鄰近地方除有許多唐代加釉或未加釉的陶器碎片外，亦有完整鐵刀一張及唐代古錢十七枚，大部分古錢上鑄「開元通寶」字樣，其中兩枚則鑄有「軋元重寶」字樣，此可上溯至唐肅宗年間。

2 一九五五年八月，在九龍深水埗李鄭屋村地區，發現一古墓，墓內發現的明器及墓壁磚頭上的刻紋，其形式與華南地區發現的漢墓相似，故考定為東漢或六朝時代遺物。此可證其時香港地區已有中原人士遷入。

3 最先遷入香港新界地區的中原人士，可考者，為鄧氏、彭氏及林氏。鄧氏最早入遷，居新界錦田，時為北宋開寶六年（九七三年）。彭、林二姓則遲至南宋末年始遷入。廖、陶、侯、吳、文五姓，則於元朝末年始定居香港新界地區。詳見香港新界及離島各姓族譜。

五代的香港

五代時，香港地區屬廣州府東莞縣，縣治位於到涌。五代初期，區內的歷史無考；其可考者，為於五代末年，北漢乾祐八年（九五五年），關翊衞副指揮、同知屯門鎮檢點、防遏石靖海都巡陳延，曾命工鐫杯渡禪師像，立於杯渡山杯渡岩內供養，[1] 該像至今仍存。[2]

南漢期間，在該地設靖海都巡，並建軍寨，派兵駐守；其位置在杯渡山之麓，[3] 但今已無遺蹟可考。大寶十二年（九六九年），南漢主劉鋹敕封杯渡山為瑞應山，並勒碑紀其事；[4] 不過，年代久遠，該碑今已不存。其時，朝野人士大多信奉佛教，故雕製禪師像供養及敕封聖山之舉，乃當日風氣使然，不足為奇。[5]

當時，在今日大埔海至大嶼山一帶沿海地帶，皆為重要的採珠場所，稱媚川池，[6] 南漢主劉鋹於其地置媚川都，派兵二千駐守，並招募專戶採珠。這些專戶以採珠為業，工作時令「以石硾足，蹲身入海，沉水而下，有至五百尺深者」，因咽溺而死者甚眾。[7] 宋初，皇帝以此舉害民，遂下詔廢媚川都，並令罷採。[8]

1 清舒懋官《新安縣志》卷二十三〈藝文二〉記序宋蔣之奇〈杯渡山紀略〉中載，杯渡禪師像鐫於「漢乾和十一年（九五三年）歲次甲寅」。

2 該像現供奉於青山禪院後杯渡岩內。

3 清舒懋官《新安縣志》卷二十三〈藝文二〉記序宋蔣之奇〈杯渡山紀略〉。

4 同上。

5 此外，其時朝野人士對佛供養的遺物，較著且有遺蹟可尋者，有廣州市光孝寺的鐵鑄千佛塔（人稱東西鐵塔）及東莞資福寺的南漢羅漢閣（人稱千佛塔），均至今仍存，可供研究。

6 清陳伯陶《東莞縣志》卷八〈山川略〉戴：「媚川池，在南大步海，舊傳南漢時於此採珠，其下多珠，故名。」大步海即大埔海，今稱吐露港。

7 詳見清徐松《宋會要輯稿》，食貨四十一之四十五。

8 清陳伯陶《東莞縣志》卷五十四〈人物略一〉之張惟寅條。

宋代的香港

宋時，香港與鄰近地區，合稱大奚山，且見載於史籍。

一 大奚山的位置及其隸屬

「大奚山」之名，初見於宋王象之《輿地紀勝》，[1] 其中云：「大奚山：在東莞縣海中，有三十六嶼，居民以漁鹽為生。」[2] 明曹學佺《大明一統名勝志》中載：「大奚山，在縣南大海中，環三十六嶼峒，週迴三百餘里。」[3] 清嚴如熤《洋防輯要》中則謂：「大奚山，縣南三百餘里大海中，環三十六嶼，週迴三百餘里。」[4]

以上所引，有「有三十六嶼」及「環三十六嶼（峒）」二說；然「嶼」之意為「島嶼」，或為「嶼峒」（蠻居），則有待考證。但由此可證宋朝年間，大奚山為一廣義地名，「有三十六嶼」；但至明代，則狹指今之大嶼山島，「環三十六嶼峒，週迴三百餘里」；清代沿之。[5]

其時，香港地區隸屬廣州府東莞縣，治所位於到涌。[6]土著大多為傜人，[7]亦有中原人士雜居其中，[8]以漁鹽為生。[9]

1 宋王象之《輿地紀勝》卷八十九引《南海志》之大奚山條。

2 宋李心傳《建炎以來朝野雜記》亦有是載。

3 明曹學佺《大明一統名勝志》（又名《大明輿地名勝志》）卷一〈廣州府〉之新安縣條。

4 清嚴如煜《洋防輯要》卷八〈廣東方輿紀要〉之廣州府新安縣大奚山條。

5 位於今大嶼山北岸，有東涌鄉，濱海的侯王宮內，有乾隆四十二年（一七七七年）所立的《大奚山東西涌姜山主佃兩相和好永遠照立碑》：東涌、西涌（今稱黃龍坑）及姜山等地皆位於大嶼山上，可證大奚山實即今大嶼山。該島亦名：大奚山：見明陸應揚《廣輿記》卷十九之《廣東輿圖》。大姨山：見清杜臻《粵閩巡視紀略》卷二。大崳山：見清乾隆《晚香堂重校本》之《邊海全圖》；原圖藏前西德聯邦圖書館。大魚山：清范端昂《粵中見聞》卷十二〈地語〉。屯門島：見拙與林天蔚師合著《香港前代史論集》，頁一三五至一五二。大蠔島：見近年香港新出版的地圖。

6 詳見拙著《清初遷海前後香港之社會變遷》（台北：台灣商務印書館，一九八六年），頁八至一四。

7 詳見拙與林天蔚師合著《香港前代史論集》，頁八〇至一二二。

8 東晉末年，孫恩、盧循為亂長江下游及福建等地。元興二年（四〇三年），晉將軍劉裕討盧循；盧循敗亡，其餘眾多退居大嶼山一帶。清陳伯陶《東莞縣志》卷二十九〈前事略一〉載：「大奚山三十六嶼，在莞邑海中。水邊岩穴，多居蛋蠻種類，或傳係盧循遺種，亦曰盧餘。」觀此，可證兩宋期間大嶼山的居民，已有中原人士與土著雜處。

9 明盧祥《東莞縣志》卷一〈山川〉之大奚山條載：「居民不事農桑，不隸征傜，以魚鹽為生。」

二 兩宋期間的經濟情況

其時，香港及其鄰近地區盛產海鹽，但皆由官賣，故民生貧困。新界及離島的谷地，居民則有務農；沿岸村民及蜑民，亦有以捕魚及燒灰為業。

北宋初年，在今香港島西部，大嶼山沿海一帶，置海南柵鹽場，[1]及於北宋末年、南宋初，在今九龍灣西北岸設官富鹽場，[2]差鹽官專管，[3]並撥摧鋒水軍屯衛。[4]南宋隆興二年（一一六四年），以其位處僻遠，所產鹽貨微薄，課利不足以充鹽官俸給，遂將官富場撥附疊福場。[5]

新界及離島谷地的居民，以農耕為業，種植稻米、蔬菜及時果，亦有在山麓植茶，[6]惟皆自用。

1 海南柵鹽場之建立時間，因年代久遠，史蹟湮沒，實難稽考；但據宋代史籍所載，可知約建於北宋初年。宋王存《元豐九域志》卷九〈廣南東路〉之東莞縣條載：「靜康、大寧、東莞三鹽場，海南、黃田、歸德三鹽柵。」元脫脫等《宋史・地理志》之「廣南東路東莞」條亦有是載。由此可證海南柵鹽場實建立於北宋元豐年間（一〇七八至一〇八五年）之前。至於其位置，據《大清一統志》之廣州府關隘條云：「海南場，在大溪山。」可證海南柵鹽場，實位於大嶼山沿海一帶。

2 宋王存《元豐九域志》卷九〈廣南東路〉之東莞縣條載：「靜康、大寧、東莞三鹽場，海南、黃田、歸德三鹽柵。」是則北宋元豐年間，官富場尚未設置。至「官富場」一名，首見於清徐松《宋會要輯稿》，食貨二十七之十六，云：「（隆興二年）十一月十五日，提舉廣東茶鹽司言：廣州博勞場、官富場、潮州惠來場，……各係僻遠，所產鹽貨皆微薄，所收課利不足以充鹽官俸給；今欲將四場廢罷，……官富撥附疊福場，……從之。」同書，食貨二十七之三，云：「（紹興三十年，即一一六〇年）（五月）二十八日，廣東提舉鹽司言：秉義郎高立，前鹽廣州靜康、大寧、海南三鹽場任內專典。」從以上觀之，可見紹興三十年時，官富場仍未設置，但至隆興二年，官富場撥附疊福場。是則官富場的增設，必在紹興三十年之後、隆興二年之前。至於官富場的位置，據清顧祖禹《讀史方輿紀要》卷一百一〈廣東二〉之廣州府新安縣梧桐山條云：「又西南八十里大海中，有官富山，山之東有官富場。」清舒懋官《新安縣志》卷四〈山水略〉之官富山條載：「官富山在佛堂門內，急水門之東。」即今九龍半島及其東西沿海一帶。

2 職掌官富場的鹽官，至今可考者，只嚴益彰一位，為南宋咸淳十年間（一二七四年）該場的鹽官。其名刊刻於北佛堂天后古廟背後的南宋咸淳十年石刻上。

4 明盧祥《東莞縣志》卷一〈山川〉之大奚山條載：「（慶元三年）……諸司請於朝，差摧鋒水軍三百名往戍焉，每季一更。然兵戍孤遠，久亦生事，慶元六年，復請減戍卒之半，屯於官富，宋季悉罷。」

5 宋王存《元豐九域志》卷九〈廣南東路〉。至於疊福鹽場的位置，當為今香港東部大鵬灣畔，及深圳鹽田、大梅沙、小梅沙等一帶地域。

6 今大嶼山島上主峯鳳凰山山麓及新界大帽山山腰，均有古茶田遺址，但今已荒廢。

濱海漁民除捕魚外，又有於沿海地帶建造灰窰，用以焚煉石灰及蠣灰。[1] 據近年考古發掘所得，出土灰窰遺址凡二十九處，大多位於濱海沙灘上，其建築年代，有屬兩宋期間，[2] 可是邑志並無記錄，故詳情難考。

三 中原人士的南遷

香港西部的屯門，以往已為一重要入粵孔道。[3] 東部的佛堂門，在宋代時，為閩浙入粵的船舶所必經的據點。[4] 其時，自福建經佛堂門而入居香港，可考者，有莆崗林氏。[5]

至北宋末年，中原混亂，北方人士遂南遷，入居香港北部今新界的地域。新界鄧氏在開寶六年（九七三年）入居錦田，其後北返，至北宋末年，始再遷回。[6]

南宋寶祐二年（一二五四年），李昴英被封番禺開國男，食邑三百戶，大嶼山為其食邑的一部分。[7] 番禺李氏遂亦遷入。[8] 粉嶺彭氏則於南宋末葉遷入。[9]

四 南宋香港地區的傜亂

宋代的鹽原為專賣，但因鹽為傜山所無，且為日常必需食品，故有不法之徒，冒險觸犯政府禁令，勾結傜人販賣私鹽。南宋紹興年間（一一三一至一一六二年），大奚山傜人朱

1 明宋應星《天工開物》卷十一〈石灰〉載：「凡石灰，經火焚煉為用。成質之後，入水永劫不壞。億萬舟楫，億萬垣牆，窒隙防淫，是必由之。……凡温、台、閩、廣海濱石不堪灰者，則天生蠣蚌以代之。」是則香港地域的灰，大多用以焚煉石灰及蠣灰，用以固漁民的舟縫，亦有以之黏砌屋牆。

2 詳見 William Meacham (ed.), "The Lime Kilns and Hong Kong's Early Historical Archaeology."

3 詳見本書〈唐代的香港〉一節。

4 清舒懋官《新安縣志》卷四〈山水略〉之佛堂門條載：「佛堂門在鯉魚門之東南，又曰鐵砧門，旁有巨石，長二丈餘，形如鐵砧，潮汐急湍，巨浪滔天，風不順，商船不敢行。其北曰北佛堂，其南曰南佛堂，兩邊皆有天后古廟。北廟創於宋（按：初只名佛堂，康熙（一六六二至一七二二年）中葉後始於佛堂旁建天后古廟），有石碑刻文數行，……廟右曰碇齒灣，古有稅關，今廢，基址猶存。」此形似鐵砧巨石，位於今田下山半島的東南北，凡自將軍澳乘船，經清水灣，北上閩浙者，皆可目睹，為扼守海上交通孔道的一重要犄角。

5 九龍蒲崗村林氏，原籍福建莆田，於北宋年間，有名林松堅、松柏兩兄弟者，來往閩粵間貿易，某次遇風船毀，兄弟抱木浮至南堂島，慶得生還，遂於島上為其祖林大姑立祠，後來遷建北佛堂上。其子孫遂定居區內，後在九龍莆崗立村。可惜香港政府發展該地，莆崗村已被遷徙，其地已發展為新莆崗工業區。事詳見香港九龍蒲崗村《林氏族譜》。

6 詳見香港新界錦田《鄧氏總族譜》。

7 詳見拙與林天蔚師合著《香港前代史論集》，頁一二三至一二八。

8 大嶼山北岸沙螺灣村李姓謂，該地李氏皆李昴英同族之後，區內土地，皆李久遠堂祖遺產業。李久遠堂則為李昴英後人所採用的堂號。詳見沈思兄〈大嶼山李府食邑稅山考〉，載《香港華僑日報》博文月刊第一百六期，一九八六年一月二十四日。

9 詳見新界粉嶺《彭氏族譜》。

圖 2-8 佛堂門：宋代船隻入粵的主要途徑

圖 2-9 大嶼山梅窩涌口發現的李府界石，可證大嶼山曾為番禺開國男李昴英食邑

祐降，政府設官嚴行禁約。[1] 至淳熙十年（一一八三年），大奚山私鹽大盛，雖經政府嚴禁，惟未見效。[2]

慶元三年（一一九七年），大奚山傜人嘯聚為盜，以萬登及徐紹夔為首，攻打廣州，廣州知府錢之望以海寇畏懼福州延祥寨水軍，乃請朝廷差廷祥將官商榮率兵往剿，賊遂大敗，錢之望下令盡執島民戳之，[3] 賊餘眾紛逃老萬山。[4] 事平，留兵三百戍守，慶元六年（一二〇〇年），減戍卒之半屯於官富場，其後悉罷。[5]

五 宋末二帝的南遷

南宋末年，元軍大舉南侵，德祐二年（一二七六年）攻陷臨安，宋駙馬都尉楊鎮及提舉官楊亮節等奉度宗子益王、廣王昺南退閩粵。是年五月，帝登位，是為端宗，改元景炎，加封弟廣王昺為衞王。其時，元朝軍隊分道南下閩粵，宋軍諸路皆敗，帝等不得已，乃輾轉由海道南退廣東。是年十二月，帝等由潮州南澳，經惠州陸豐甲子門，至大鵬，[6] 欲入廣州治所。

1 明盧祥《東莞縣志》卷一〈山川〉之大奚山條載：「大奚山在縣南大海中，有三十六嶼，居民不事農桑，不隸征傜，以魚鹽為生。宋紹興間，朝廷招降朱祐等，選其少壯為水軍，老弱者放歸，立為外寨，差水軍使臣一員，彈壓官（一員），無供億，但寬魚鹽之禁，謂之醃造鹽。」是則其時之禁私鹽，已較前時為寬。

2 清徐松《宋會要輯稿》，食貨二十八之十九，記孝宗淳熙十年「五月二十九日詔，大奚山私鹽大盛，令廣東帥臣遵依節次，已降指揮，常切督責彈壓官並澳長等，嚴行禁約。」同書，食貨二十八之二十四，記淳熙十二年（一一八五年）「二月十二日，詔廣東水師統領兼以巡察海道私鹽帶銜，每考批書，必會鹽司，有空透漏縱容大奚山私販事節，方與放行，如有捕獲私鹽數目，欲與依格推賞」。其時雖對私鹽嚴禁，但未見效，十二年後，於慶元三年，遂致傜亂。

3 宋王象之《輿地紀勝》卷八十九〈廣州古蹟〉之大奚山條載：「慶元三年，提舉徐安國捕鹽，島民嘯聚為盜，劫萬登為首，殺平民百三十餘人。經略雷潨與安國素有隙，以生事聞於朝，盡執島民戮之，無唯類，詔罷安國，以錢之望知廣州。象之嘗聞婺之士友鄭岳云：岳曾館廣州，時賊勢猖獗，福州有延祥寨水軍，海盜畏之，錢帥申請於朝，乞差延祥將官商榮將兵以往，而（大奚山）之人，用未支格以釘海港，官軍不知蹊徑，竟不能入；而島民盡用海舟，載其弩攻廣州，州兵敗止。乘潮達城下，州民散避賊；會官船水手善跳船者，與賊首工船遇，乃從檣杆上飛過，斫斷其帆，帆索墜，船不能進，賊船遂沉；商榮因用火箭射之，賊遂大敗。」

4 清《古今圖書集成．職方典》卷一千三百九十三載：「慶元六年，減猺峒之戍屯官富場，後悉罷之。按《宋史．寧宗紀》不載，按通志慶元六年，復請減猺峒戍卒之半屯官富場，後悉罷之。今有姓萬者為酋長，因名為老萬山，過其境者悉與魚鹽。」老萬山位於大嶼山之西，其時居民仍非漢族，故疑為慶元三年後，自大嶼山遷徙而至的傜人。

5 明盧祥《東莞縣志》卷一〈山川〉之大奚山條載：「（慶元三年）……諸司請於朝，差摧鋒水軍三百名往戍焉，每季一更。然兵戍孤遠，久亦生事，慶元六年，復請減戍卒之半，屯於官富，宋季悉罷。」

6 大鵬，即今香港東北部的大鵬灣。

景炎二年（一二七七年）二月，元兵略廣州，諸郡大多投降，帝等乃移駐梅蔚，[1]四月進駐官富場。[2]六月，帝曾一度東巡古塔，[3]其後仍駐官富。[4]九月，帝西移淺灣。[5]十月，元朝軍隊襲淺灣，帝不得已，復遷駐秀山，[6]十二月西移井澳。

景炎三年（一二七八年）三月，帝自謝女峽回歸碙州，[7]四月十五日崩，葬永福陵。四月二十一日，帝昺即位，改元祥興；六月移駐厓山。祥興二年（一二七九年）二月，元軍舟師襲厓山，宋軍大敗，陸秀夫負帝昺投海殉國，南宋遂亡。

帝在位期間，駐蹕今九龍城以南一帶，建立行朝，為時僅六月。他南遷此地，或因大嶼山一帶居民頗眾，且富有魚鹽之利；但其孤處濱海，不易與內陸聯絡，終至最後為元軍困敗。

六 小結

香港地區自唐時已為東西交通的重要孔道，故有屯門鎮的設置；至兩宋期間，由於魚鹽之利，朝廷遂派兵駐守。其後中原多故，異族南侵，以致中原人士大量南移，入居區內。至南宋末年，二帝南遷，且曾駐蹕凡六月之久，行朝其後雖西遷，但部分散兵及軍眷未能隨行，遂定居區內；這些入居人士對日後該區的發展，幫助甚大。

1 梅蔚，據羅師元一之意，為今日大嶼山梅窩，詳見羅師元一《一八四二年以前之香港及其對外交通》（香港：香港中國學社，一九五九年），頁七六至七七。惟簡又文先生則主為大嶼山東北角的青衣島，詳見簡又文〈宋末二帝南遷輦路考〉，載《宋王臺紀念集》，頁八九至二〇六，香港趙族宗親總會，一九六〇年。兩說所主之地皆在香港境內，且頗接近，南宋間皆為李昴英食邑之一部分。

2 官富場位於今九龍城以南一帶。

3 古塔，疑即今佛堂門東龍島，古稱南佛堂，亦即南堂。北佛堂田下山麓天后古廟背後，有一南宋摩崖石刻，其中載：「古汴嚴益彰，官是場，同三山何天覺來遊兩山。考南堂石塔，建於大中祥符五年。」由此可見，古塔可能亦即南堂石塔。

4 帝駐官富場時，其地原有土瓜灣村。據故老相傳，當帝等抵達時，村民曾結隊出迎，並獻糧食，以供困乏。其後，宋臣於官富寨南杯珓石下，聖山之西，馬頭涌之東，興建行宮，後世稱之為二王殿；又於聖山築望台，後稱宋王臺；楊太后以其愛女晉國公主同行溺死，故為鑄金身，葬於宮殿西北山下耿迎祿墓旁，後稱金夫人墓。詳見清舒懋官《新安縣志》卷十八〈勝蹟略〉。如今，土瓜灣區已闢建為都市；二王殿所在其後發展為二王殿村，近年闢為市區，只餘上帝古廟門額，立於露明道公園內；宋王臺遺址亦已闢建公園；聖山則因建築聖三一教堂而被夷平，兩古墓遺蹟亦已湮滅。又宋王臺遺址西北白鶴山上，有侯王古廟，據傳云：中祀者為楊太后之弟楊亮節。元周密《癸辛雜識》中載：「厓山之敗，樞密使陸秀夫、楊亮節溺海而死焉。」但香港新界瀝源地區的故老相傳，謂楊亮節隨軍至官富，因傷留居，並無隨軍西走厓山。其傷癒後，隱姓埋名，在瀝源一帶行醫活民，死後，民為他立廟，以紀其德。此雖屬傳說，亦可見時人對宋末遺臣的尊崇。

5 淺灣，即今香港新界荃灣。

6 秀山，即今東莞虎門。

7 碙州，疑即今大嶼山自東涌以至大澳等地。詳見羅師元一《一八四二年以前之香港及其對外交通》，頁九一至九四。

圖 2-10 宋王臺原石

元代的香港

元代時，香港地區屬廣州路東莞縣轄管。[1]其時，區內且置屯門巡檢司，轄管境內民政。

一　屯門巡檢司的設置

元代初年，在宋的官富鹽場地區，改置屯門巡檢司，額設巡檢一員，轄管寨兵一百五十人，衙署位於屯門寨。[2]

1　清靳文謨《新安縣志》卷三〈地理志〉之沿革條。
2　元陳大震《南海縣志》卷十〈兵防〉之巡檢寨兵條。

該巡檢司轄管地域，今已難考，但它其實改自宋代的官富場，[1]故其地域疑即官富場地，似為今九龍灣西北及西南沿岸，自舊啟德機場西北角以南，下至土瓜灣一帶，以至尖沙咀等地。[2]

至於巡檢為從九品地方官員，所職掌者，為「專一盤詰往來奸細，及販賣私鹽犯人，軍囚，無引面生可疑之人」。其盤詰之事有三：「其一曰：凡軍民人等往來，但出百里者，即驗引文。其二曰：巡檢司縱容境內隱藏軍，一歲中被人盤獲十名以上者，提問如律。其三曰：凡軍民無文引，及內官內使來歷不明，有藏匿寺觀者，必須擒拿送官，仍許諸人首告得實者賞，縱容者同罪。」[3]

二 中原人士的南遷

元代期間，中土入蒙古人手中，北方中原大族遂相繼南徙。最初，部分在粵東地區抵抗蒙古人的南侵，但終告失敗；[4]其親屬及隨從遂繼續南逃，散居深圳及香港地域。[5]其中有在今新界建村定居，且與原住民同化。

當時在今新界定居的，可考者有：龍躍頭鄧氏，屏山鄧氏，屯門、樟木頭、上水廖氏，屯門陶氏，河上鄉侯氏，衙前圍吳氏，大埔泰坑文氏，以及新田仁壽圍文氏等。[6]

1 屯門巡檢司的設置年代，今已難考。清靳文謨《新安縣志》卷六〈田賦志〉之鹽課條載：「迨元，改官富為巡司。」但元陳大震《南海縣志》卷十〈兵防〉之巡檢寨兵條則載，位於香港及鄰近地區者，只有固戍角巡檢司、廣惠州巡檢司及屯門巡檢司，並無官富巡檢司一名。可證《南海縣志》成書之時，官富巡檢司仍未設置，而香港及鄰近地區的村莊及居民，皆隸屯門巡檢司轄管。

2 明應檟《蒼梧總督軍門志》卷五〈輿圖三〉之《廣海圖》中，位於東莞縣南海衛左旁有山，山左書「官富巡司」，右為「九龍」；其頂部有「急水門」、「佛堂門」等地名。這可見官富巡檢司轄管地，為今九龍灣西北及西南沿岸一帶；而屯門巡檢司轄地疑即官富場地，官富場後改為官富巡檢司，故屯門巡檢司轄地當與官富巡檢司者同。

3 明王佐《廣東通志》卷三十二〈政事志五〉之弓兵條。

4 如文天祥在惠州抗元，其後雖失敗，但其隨從及親屬亦有繼續南逃者。

5 其中較著者，有文璧及其親屬定居深圳鳳嶺下，以及文天瑞及其親屬入居新界新田、泰坑等地。

6 詳見新界龍躍頭《鄧氏族譜》、新界屏山《鄧氏族譜》、上水《廖氏族譜》、屯門《陶氏族譜》、上水河上鄉《侯氏族譜》、衙前圍《吳氏族譜》、大埔泰坑《文氏族譜》，以及新界新田《文氏族譜》。此外，新界境內或有其他族姓亦於元代遷入，但因缺乏資料，故未能詳錄，容後再補。

南宋末，帝昰、帝昺二帝南遷時，曾駐蹕今九龍城濱海地域，且曾登今「宋王臺」小山遠眺。二帝車駕離九龍後，元人遂刻「宋王臺」三字於該巨石上，以紀宋帝曾駐蹕於此。[1]

至於大嶼山一地，南宋慶元間（一一九五至一二〇〇年）島民作亂，朝廷遣兵入大嶼山，盡殺島民，且墟其地。[2] 至元代時，島上復聚居民數百家，以農耕為生。[3]

三 大埔海的採珠業

元代，香港新界大埔海及后海兩地盛產珍珠，[4] 採珠業時營時禁。世祖至元十七年（一二八〇年）曾下詔採珠；成宗大德三年（一二九九年），官家給餉蜑戶，使三年一次於該地採珠；仁宗延祐四年（一三一七年）置廣州採珠都提舉司，主理其政，後以採珠擾民，乃於延祐七年（一三二〇年）罷廣州採珠都提舉司，以有司領其事；但至順帝至元三年（一三三七年）復立採珠提舉司以行其事。[5]

1 清舒懋官《新安縣志》卷十八〈勝蹟略〉之古蹟宋王臺條載：「宋王臺在官富之東，有盤石，方平數丈，昔帝昺駐蹕於此。台北側巨石，舊有『宋王臺』三字。」至該石刻的刻鑄年代，據清陳伯陶《東莞縣志》卷三十八〈古蹟略二〉之前賢遺址附引《古今圖書集成．職方典》載：「宋景炎中，帝舟嘗幸於此。元史以帝、帝昺為二王紀。此元時舊刻，故稱宋王。」宋王臺原刻今已難睹，今所見者，乃嘉慶十二年（一八〇七年）時，廣東水陸路提督錢夢虎、受命水師提標左營游擊林孫、知新安縣事李維瑜及官富巡檢胡宏昭等重刻。

2 詳見曾一民兄〈南宋寧宗慶元三年大奚山島民作亂始末〉，載《珠海學報》第十一期。

3 元吳萊《南海古蹟記》之大奚山條（清順治刊本《說郛》卷六十一之一）。

4 元陳大震《南海縣志》卷七〈物產〉之寶貝條載「元貞元年，屯門寨巡檢劉進程、張珪建言：東莞縣地面大步海內，生產鴉螺珍珠。又張珪續言：本縣地名後海、龍岐、及青螺角、荔枝莊共二十三處，亦有珠母螺出產。……大德四年（一三〇〇年），續有侯福建言：東莞縣東名橫洲共十處，出產珠顆。」考「大步海」即今大埔海，現稱吐露港，位於今新界東部；「後海」即元朗西部的后海灣；「龍岐」位於大鵬半島上，「青螺角」及「荔枝莊」位於西貢半島的北岸；「橫洲」位於元朗境內，后海灣畔。可見其時香港及新界一帶水域，在元代時皆珍珠產地。

5 有關元代採珠的營廢，詳見《元史．食貨志》。從仁宗延祐七年至順帝至元二年（一三三六年）間的罷採，大概即受張惟寅上宣慰司採珠不便狀的影響，其狀見清靳文謨《新安縣志》卷十二〈藝文〉之記述條。

四 海鹽的出產及課稅

宋代原設鹽場十七處，但入元以後，至至元三十年（一二九三年）只設十四處，[1] 香港地區所屬的官富場，其鹽課冊籍附入黃田場。[2] 其時，黃田場周歲散辦鹽五百八十二引，每引官價規定十五兩計。[3]

至於罷除官富場，原因是它位處僻遠，並非商賈經由之地，每年收入無多，但對民有害，因而罷之，其冊籍附入黃田場。[4]

五 元末香港地區人士抗元

元末，群雄並起，至正十五年（一三五五年），新界及鄰近地區的抗元志士，可考者有下列多位：[5]

李　確：據靖康場　　文仲舉：據歸德場
吳彥明：據東莞場　　鄭潤卿：據西鄉黃田
楊潤德：據水心鎮　　梁國瑞：據官田
劉顯卿：據竹山下萍湖　　蕭漢明：據鹽田

黎敏德：據九江水崩江
封微之：據楓涌寮步
黃　漕、袁克寬：據温塘
陳子用：據新塘
張祥卿：據篁村
張伯寧男張黎昌：據萬家租小亭

黃時舉：據江邊
曹任拙：據湛萊
陳仲玉：據吳園
王惠卿：據厚街
何　真：據坭岡
梁志大：據板石老洋坪柏地

1 元代的十四處鹽場：「廣州本路所營者，靖康、香山、東莞、歸德、黃田、海晏、矬峒七場；隆井、招收、小江三場，隸潮州路；淡水、石橋二場，隸惠州路；雙恩、鹹水二場，隸南恩州。」詳見元陳大震《南海縣志》卷六〈戶口〉之鹽課條。

2 清靳文謨《新安縣志》卷六〈田賦志〉之鹽課條。

3 元陳大震《南海縣志》卷六〈戶口〉之鹽課條。

4 同上。

5 明何崇祖《盧江郡何氏家記》，至正十五年條。

其後數年，何真以其部併其他各部，至正十九年（一三五九年），其部已能控制香港新界的黎洞、林村及岑田等地。[6] 明初，何真以東莞地域降明，香港及新界地區遂歸明朝統治。[7]

六 小結

元自世祖立國，至順帝出走，凡九十七年。其時香港地區位處南陲，距中原頗遠，本難於治理；但因其地歷代盛產珠、鹽，故設巡檢司以治民，以都提舉司主理採珠事；加以中土人士的南遷，該區遂逐漸發展，人口亦較前朝為眾。

6 同上，至正十九年條。

7 有關何真聚眾保鄉、平定東莞禍亂、綏靖廣東各屬，以及在太祖洪武元年（一三六八年）奉表歸明事蹟，詳見清張廷玉等《明史》卷一百三十〈何真傳〉。

明代的香港

明代，香港地區最初屬廣州府東莞縣，萬曆元年（一五七三年）改隸新安縣，區內各村皆歸官富巡檢司管轄。

一 官富巡檢司的設置

洪武三年（一三七〇年），改元代的屯門巡檢司為官富巡檢司，[1] 額設巡檢一員、司吏一員、弓兵五十名，[2] 巡檢衙署在「官富寨」。[3] 該巡檢司轄管地域，與元代的屯門巡檢司

1 明王佐《廣東通志》卷三十二〈政事志五・弓兵〉之廣州府巡檢司條載：「官富巡檢司，在縣南二百八十里，舊為官富寨，洪武三年改。」

2 同上，「已上六巡檢司俱弓兵五十名。」

3 清舒懋官《新安縣志》卷七〈建置略〉之廨署條載：「官富巡檢司署，……原署在縣治東南八十里，為官富寨。」

相同。[1]

明代的官富巡檢，為從九品的地方官員，月支米五石，[2] 其職掌為「專一盤詰往來奸細，及販賣私鹽犯人，軍囚，無引面生可疑之人」。其盤詰之事有三：「其一曰：凡軍民人等往來，但出百里者，即驗文引。其二曰：巡檢司縱容境內隱藏軍，一歲中被人盤獲十名以上者，提問如律。其三曰：凡軍民無文引，及內官內使來歷不明，有藏匿寺觀者，必須擒拿送官，仍許諸人首告得實者賞，縱容者同罪。」[3]

明代的官富巡檢，萬曆（一五七三至一六二〇年）以前的已難考，但據清靳文謨《新安縣志》所載，有下列多位：[4]

林雲龍：福建人，萬曆二年（一五七四年）任

林廷彩：福建人，萬曆四年（一五七六年）任

1 該巡檢司轄地，為今九龍灣西北及西南沿岸一帶。詳見明應檟《蒼梧總督軍門志》卷五〈輿圖三〉之《廣海圖》。

2 明盧祥《東莞縣志》卷二〈公廨〉之巡檢司條載：「巡檢司六……官吏兵員數同，巡檢一員，從九品，月支米五石，司吏一名。」

3 明王佐《廣東通志》卷三十二〈政事志五・弓兵〉。

4 清靳文謨《新安縣志》卷四〈職官志〉之文官制官富巡檢條。

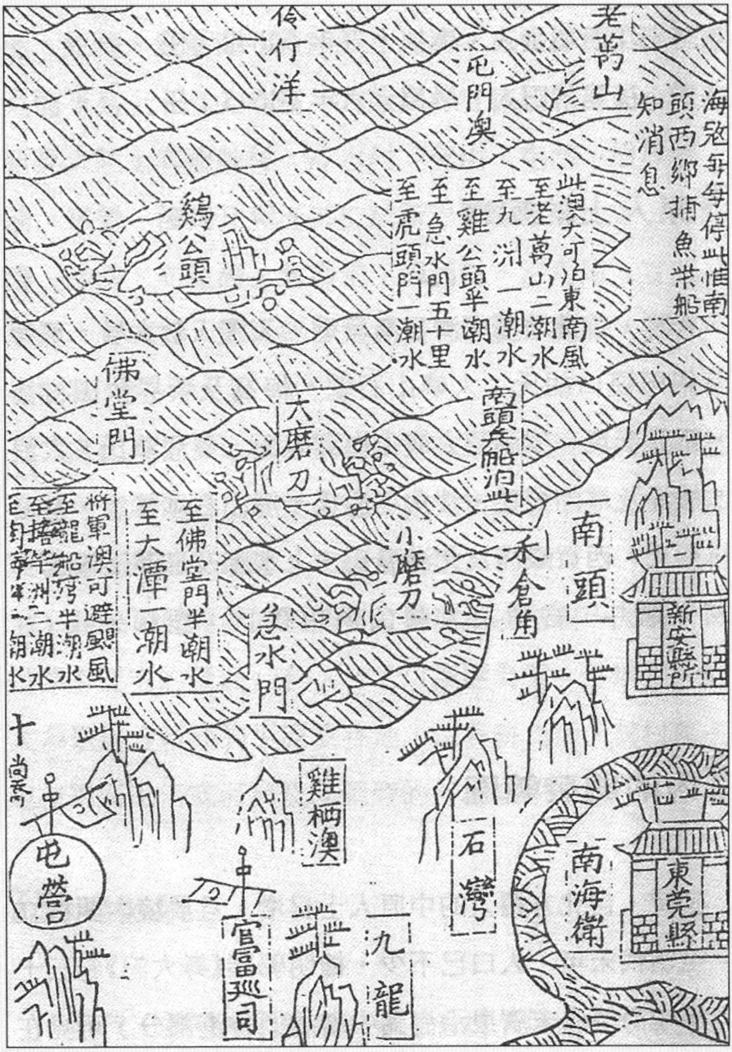

圖 2-11 明應檟《蒼梧總督軍門志》中所載「官富巡司」之名

葉　琦：福建人，萬曆十一年（一五八三年）任
李嘉材：福建人
楊登高：江西人
張　輝：直隸人
陳國禮：浙江人
鍾應麟：福建人
施廷先：浙江人
查　校：直隸人
李　蘭：廣西人
張一驥：浙江人
朱承學：直隸人
鍾應煬：福建人
劉應聘：江西瑞金人，崇禎十五年（一六四二年）任

林禹謨：福建莆田人，萬曆十五年（一五八七年）任
李崇綱：福建人
萬　煒：直隸人
黃　哲：直隸人
徐朝望：浙江人
葛子錄：浙江人
程應豸：福建人
余　瓊：湖廣人
李大成：直隸人
黃祖鄉：福建人
洪一詳：浙江人
朱邦泰：浙江西安人，崇禎十二年（一六三九年）任
王之爕：福建莆田人，崇禎十六年（一六四三年）任

二　中原人士的南遷

明時，香港地區經濟日漸發達，入遷人數大增。可考者有錦田逕口胡氏，大嶼山石壁、梅窩及新界攸田村徐氏，新界泰坑、黎洞及大嶼山梅窩袁氏，葵涌陳氏，大浪灣、蠔涌及塔門黎氏，沙角尾謝氏，屏山石埗林氏，粉嶺北村彭氏，西貢蠔涌及北港温氏，上水圍及烏溪沙廖氏，廈村、輞井、官涌及大嶼山塘福鄧氏，鹿頸朱氏。[1]

三　境內的開發範圍

明時，自北方遷入的中原人士日增，且於境內開村立業。至明代末年，人口已不少，可據明郭棐《粵大記》卷三十二〈政事類〉之海防卷末《廣東沿海圖》中所繪的香港部分，可

1　詳見馬鞍崗《胡氏族譜》、大嶼山石壁圍《徐氏族譜》、大嶼山石壁圍滿喜記《徐氏家族部》、大嶼山梅窩《徐氏族譜》、新界攸田村《徐氏族譜》、羅湖《袁氏族譜》、大嶼山梅窩《袁氏族譜》、荃灣上葵涌村《陳氏族譜》、西貢大浪西灣《黎氏族譜》、塔門（西灣）《黎氏族譜》、西貢坑口水邊村《黎氏宗族家譜》、西貢沙角尾《謝氏族譜》、屏山石埔（埗）村《林氏族譜》、粉嶺《彭氏族譜》、西貢蠔涌《温氏族譜》、西貢榕樹澳《温氏族譜》、上水《廖氏族譜》、烏溪沙《廖氏族譜》、香港新界粉嶺《鄧氏總族譜》、廈村《鄧氏族譜》、大嶼山塘福《鄧氏族譜》及西貢鹿頸《朱氏族譜》。

見在香港的地名凡七十三：[1]在大嶼山上者，有雞公頭、石壁、大澳、沙螺灣、東西涌、大蠔山、梅窠村、螺杯澳及塘；在香港島上者，有香港、鐵坑、春磑、赤柱、大潭、稍箕灣及黃泥涌；離島有龍鼓洲、上磨刀、下磨刀、翁鞋、長洲、博寮、赤臘洲、琵琶洲、仰船洲、急水門、捍竿洲、蒲苔、春花落、小捍竿、東姜、雞母嶼、南佛堂、福建頭、大金門、小金門、甕缸、銀瓶果、桑洲、蛇灣、飯甑洲、黃茅洲、赤洲、石牛洋及平洲；位於九龍半島上者，有尖沙咀、九龍山、官富巡司及大小官富；新界大陸上者有龍鼓村、冷水村、聖山、屯門、掃稈鬱、欖涌、軍營、淺灣及葵涌；位於新界東部濱海地帶，有將軍澳、赤沙、布袋灣、北佛堂、蠔涌村、沙角尾、官門、榕樹澳、交塘村、瀝源村、大步頭、赤澳、鹿頸、黃竹角及荔枝窩。[2]

由此可見，當時香港地區已有相當發展，人口亦已不少；可惜原住的土著及入遷各族的知識水平不高，而且該區地處廣州府的邊陲，故缺乏記述。

其時，已開發的地區皆位於海濱或島嶼，大抵居民多是浮家泛宅的蜑民，[3]以漁鹽為業。外地遷入的，大多聚居今新界的平原及谷地，以農耕為活，其村落主要建在平原上，或河流及溪澗旁的谷地。[4]

1 該圖中的地名，部分為古名稱，但據訪問及調查，並參閱香港地政測量處一九六〇年出版的《香港九龍新界地名索引》，大部分的地名，今仍可考，有等且與今名並用。

2 圖中古今地名對照列後：雞公頭：今稱雞翼角，俗稱雞山。大蠔山：今大嶼山主峯鳳凰山。梅窠村：今稱梅窩。螺杯澳：今稱貝澳。塘：今稱塘福。香港：前香港村，今香港仔黃竹坑之地。鐵坑：位今香港仔黃竹坑與深水灣間之一海灘，舊有磚窰，惜今已不能考。春磑：今稱舂坎角。大潭：今大潭水塘之地。稍箕灣：今稱筲箕灣。黃泥涌：今稱跑馬地。翁鞋：疑即今之石鼓洲。博寮：今稱南丫島，亦稱博寮洲。赤臘洲：今稱赤鱲角，亦作赤立角。琵琶洲：今稱龍珠島。仰船洲：今稱昂船洲。急水門：今稱馬灣洲。春花落：今稱青衣島。東姜：今稱宋崗島。南佛堂：今之東龍島，俗稱南堂島。福建頭：今稱佛頭洲。大金門：今稱大欽門。小金門：今稱小欽門。蛇灣：今稱大蛇灣。石牛洋：今稱石牛洲。平洲：今仍舊名，俗稱東平洲。掃桿鬱：今屯門掃管笏村。欖涌：今稱大欖涌。淺灣：今之荃灣。軍營：疑即今青龍頭之地。九龍山：今尖沙咀北部京士柏之地。官富巡司：約位於今九龍寨城遺址之位置。大小官富：疑即今官塘一帶。布袋灣：今稱布袋澳。官門：近稱萬宜村，即今萬宜水庫。榕樹澳：今稱榕樹凹。交塘村：今西貢高塘村。其餘之地名，至今仍沿用。

3 西貢黎氏，自承其先祖為蜑戶。詳見蠔涌《黎氏族譜》及坑口《黎氏族譜》。

4 如鄧氏聚居錦田、彭氏之於粉嶺、廖氏之於上水、侯氏之於河上鄉及文氏之於大埔及新田，此皆平原及谷地。

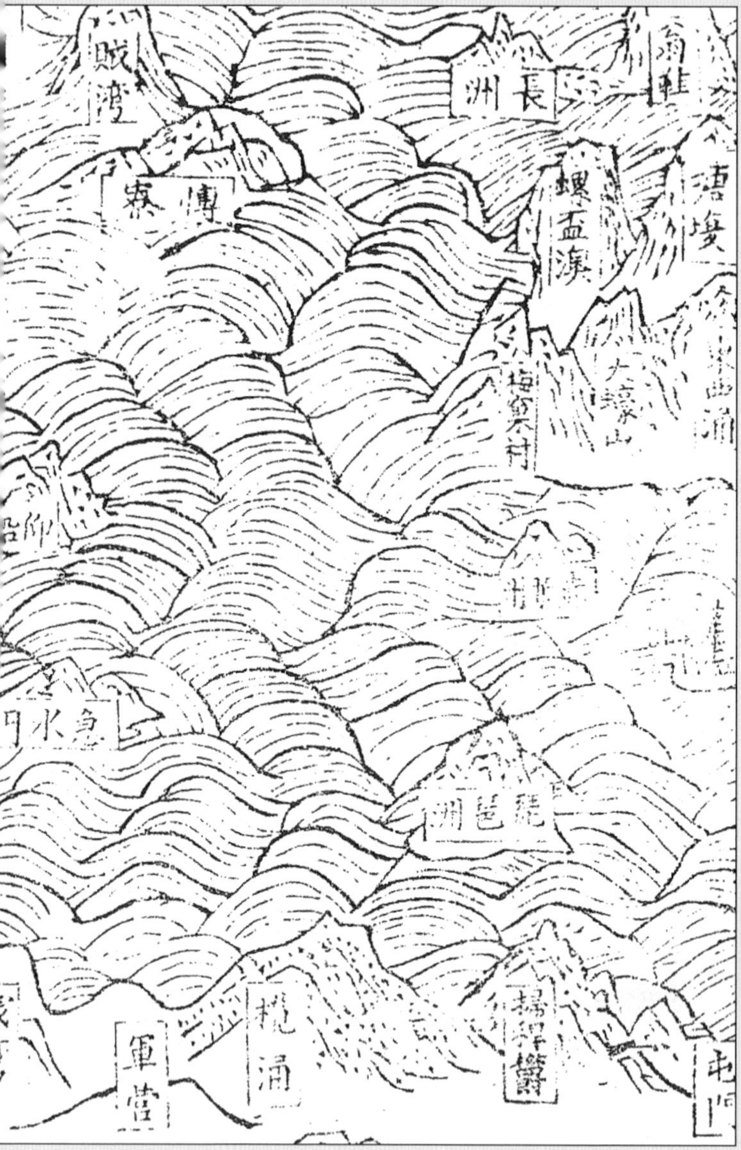
長洲
螺盃澳
梅窩村
琵琶洲
急水門
軍營

圖 2-12 明郭棐《粵大記》中所載香港及其鄰近地方

四 經濟發展

明代，香港地區盛產海鹽及香樹，但全部均是官賣，故此民生貧困。居住在新界及離島谷地的人，則有務農、種植穀類及蔬果。沿岸村民及蜑民則以捕魚及燒灰為業。

煮鹽

明代時，香港地區盛產海鹽，特列竈戶，專以煮鹽為業；其鹽稅則分竈田、池漏、竈丁與竈戶口四類。[1] 區內的鹽田屬東莞鹽場，[2] 有鹽場大使管理，歸廣東鹽課提舉司轄管，定日課鹽法。[3] 區內所出產的鹽穫，全部由大鵬灣經梧桐山運至廣州。[4]

竈戶煮鹽之法，較常用的有：一、築堤成鹽田，引海水入田內，候日蒸曬；二、於鹽田內置草薦，引海水浸之，曬乾後，掃出鹽霜煎煉。[5]

種香

明代時，香港地區各山嶺及斜坡，土質適宜香樹生長；所產的香品，較別地所種者為好，稱為莞香，[6] 以瀝源堡及沙螺灣二地為最佳。[7] 所產的香木，大多由九龍尖沙頭草排村的香埗頭，載往香港仔石排灣東端的一小港灣，[8] 再以艚船運赴廣州，繼由陸路北上，經南雄，越梅嶺，沿贛江而至九江，再下江浙的蘇松等地發售。此途是以往廣州與長江下游的

1 清舒懋官《新安縣志》卷八〈經政略〉鹽課之東莞場鹽課司條。

2 清靳文謨《新安縣志》卷六〈田賦志〉之鹽課條載：「鹽場在縣境內者，舊有四場：曰東莞、曰歸德、曰黃田、曰官富。迨元，改官富為巡司，其鹽課冊籍附入黃田場。明嘉靖二十一年（一五四二年），裁革黃田場，附入東莞場。」此可證香港的鹽田，宋代是屬官富場，元代時轉入黃田場，至明中葉則附入東莞場。

3 清郭文炳《東莞縣志》卷五〈鹽法〉載：「明洪武（一三六八至一三九八年）初，設廣東鹽課提舉司，東莞、靖康場大使，定日課鹽法：每戶日辦鹽三觔，夜辦四兩計；一年辦鹽一千一百八十六觔四兩；每二百觔拆一小引，計五引零一百八十五觔，每引加耗鹽五觔，共三十觔，得六引零十五觔，謂之全課，給工本鈔每引鈔二貫。」

4 該路徑早於元代已為運鹽要道。清靳文謨《新安縣志》卷三〈地理志〉山之鹽田逕條載：「鹽田逕在梧桐山腰，大石砌結若鱗，闊一丈許，延亙十餘里，相傳元季邑人蕭觀庇創造，有碑記，歲久湮，至今稱亭子步。」近年，該逕已闢建為車路，於山頂處建有一譚公廟。

5 明代煮鹽之法，詳見明宋應星《天工開物》卷上〈作鹹〉第五之海水鹽條。

6 香港地區的香樹自越南傳入，通稱莞香，唐代已植於廣東南路，稱蜜香樹，亦稱棧香。宋時棧香的種植，以海南島為最著。明代時，東莞、新安及香港地區的香產才逐漸重要。見清陳伯陶《東莞縣志》卷十四〈物產〉之「莞香」條。

7 清舒懋官《新安縣志》卷三〈輿地二〉物產之穀類之木條。

8 尖沙頭即今之尖沙咀，該處舊有草排村，凡自瀝源堡所產的香品，皆先運集此村，以便出口。香埗頭為運香的舊式碼頭，蓋粵語「碼頭」多稱「埗頭」。香港仔石排灣東端的小港灣，與石排灣原合稱香港仔灣，後來以本區所產石磚，大多先運至該海灣岸邊，分行排列，稱曰石排，等候落艇轉運廣州各地，供建築屋宇石腳用；日久，該灣遂被轉稱石排灣，至今仍沿用。

交通常道，雖非最便，但沿途安全，而且適宜於香品之遇霜風而更見芳郁，故此商旅常取此道。[1]

所產的香品，名目頗多，價值亦各有不同，較著者，有黃紋黑滲、生結、馬尾滲、黃熟及女兒香等品色。[2] 該區所產的女兒香，多用於祀神。[3]

漁業

明代香港的沿海水域盛產海藻、昆布及魚介，可供食用；[4] 漁民採捕所得，除供自用外，亦有運送至沿海各地販賣。其時，大嶼山的北岸，尤以大澳一地，已甚發達，因該處為漁船集中之地。[5]

其時海上航行的船隻，有烏艚及白艚兩種：烏艚船身髹黑，以運載食鹽為主；白艚船身髹白，用以捕魚或運貨。

農業

陸上居民，大多聚居平原及谷地，尤以錦田盆地、元朗平原、粉嶺上水盆地及林村、城門、大欖涌等谷地為多，主要以農耕為業。區內盛產稻米，菜果亦豐，皆可供食用，故民生安裕。[6]

山間地區有花、草、木、竹、籐等野生植物；山坡亦產茶葉，尤以杯渡山上的蒙山茶、鳳凰山上的鳳凰茶、擔竿山上的擔竿茶，以及竹仔林的清明茶為著。[7]

燒灰

濱海的漁民，很多以石灰或蠣灰以固其舟縫，亦以之黏砌屋牆，故沿海地帶築有不少灰窰，用以焚煉石灰及蠣灰。[8] 據近年考古發掘所得，本區出土的灰窰遺址，凡二十九處，大多位於濱海沙灘上。位於大嶼山上，有二浪、大浪、蟹地灣、杯澳、九嶺涌、石壁、東

---

1 清屈大均《廣東新語》卷二十六之香語莞香條載：「莞香度嶺之北，雖至劣亦有馥芬，以霜雪之氣沾焉故也。」

2 同上所載的黃紋黑滲、生結、馬尾滲、黃熟及女兒香各條目。

3 清舒懋官《新安縣志》卷三〈輿地二〉物產之木類之香樹條載：「凡種香家，婦女潛取佳者藏之，名女兒香。歲時供神，以此為敬。」

4 區內出產的魚介類，詳見同上卷三〈輿地二〉物產之鱗及介兩條。

5 大澳在明代已為一重要市集，南頭及鄰近聚落的居民，亦有到此貿易。明代於此設立汛防，屬南頭寨轄管。

6 區內所產的穀菜果類，詳見清舒懋官《新安縣志》卷三〈輿地二〉物產之穀、菜及果三條。

7 詳見清舒懋官《新安縣志》卷三〈輿地〉之花、草、木、竹、藤及茶等各條。

8 明宋應星《天工開物》卷十一〈石灰〉載：「凡石灰，經火焚煉為用。成質之後，入水永劫不壞。億萬舟楫，億萬垣牆，窒隙防淫，是心由之。……凡温、台、閩、廣海濱石不堪灰者，則天生蠣蚌以代之。」

北部三海灣、長沙欄、狗蝨灣、塘福、散石灣、萬角咀及沙螺灣等十五處；南丫島上有蘆鬚城、深灣、大灣及榎達灣等四處；香港島上有舂坎灣、沙灣及鴨脷洲等三處；長洲上有大鬼灣、赤立角（今赤鱲角）、馬灣及蒲台島等四處；位於新界地區的，有青山石角咀、葵涌（醉酒灣）、元朗新圍等三處。[1] 蠣（蠔）殼可燒灰，其肉亦可食。此外，食用海螺之著者，還有九孔螺（鮑魚）、馬煩柱（帶子）、香螺（響螺）及青口螺等，其殼亦可燒灰。

五 社會情況

明代時，香港既有鹽、香、茶之利，且區內港灣多利於船舶會集，故民生安逸；明朝末年，新安縣多次大旱，引致米貴，[2] 但本區除能自給外，且可助賑饑。[3]

其時，區內科名頗盛，志乘中之見載者，有屏山鄧通叟、錦田鄧廷貞和鄧良仕，及龍躍頭鄧湛露。[4] 至於當時區內曾否設置書院與學舍，如今已不可考，然而以其時重科第，若無書塾與書院等供學童攻讀，而當時學子又無能力出外就學，相當難於考取科第。

1 William Meacham (ed.), "The Lime Kilns and Hong Kong's Early Historical Archaeology."

2 有關明末新安縣各次大旱，詳見清靳文謨《新安縣志》卷十一〈防省志〉之災異條。

3 香港新界錦田《鄧氏師儉堂家譜》中的〈錦田鄉歷史〉一文中載：「至岑田易名為錦田之由，則因萬曆十五年，寶安旱災，義倉盡罄，知縣邱公體乾下鄉籌賑，各處捐助，少者三數石，多者亦不過二三十石；獨洪儀祖之七代孫元勳公，慷慨捐穀二千石，備受褒獎；邱公見吾鄉土地膏腴，田疇如錦，遂易名曰錦田。查元勳公當時富甲寶安，置有稅田萬畝，而在香港仔、薄扶林、裙帶路、鵝頸、九龍、長沙灣等處，均有稅田頗多。」（頁八三）又位於青衣島上老屋村後約七十碼高處山麓上的陳姓古墓，墓主陳禧，明新安縣大鵬水貝村人，萬曆二十四年（一五九六年）時，曾以一千石粟賑饑，因獲「鄉飲正賓」之譽。其墓碑上的銘文云：「公諱禧，……萬曆二十四年丙申大荒，邑侯行之賑饑，公出粟一千石，遍濟飢者；據此厚德，給予冠帶，賓之於鄉。」可惜此墓在青衣島發展時，已被毀去，但墓碑存放在香港歷史博物館。從以上觀之，可見明末新安縣饑荒的嚴重，以及本區的土地膏腴。

4 清舒懋官《新安縣志》卷十五〈選舉〉之表薦辟條載：「明鄧通叟，邑之屏山人，洪武十五年（一三八二年）詔下郡國求士，叟應選，授直隸國府正，有傳。」同書同卷之鄉科條載：「成化七年（一四七一年）辛卯科，鄧廷貞，邑之錦田人，以書經中式，任江西萬安縣教諭，選陞廣西滕縣知縣，未任而卒。」同書同卷之歲貢條載：「鄧良仕，邑之錦田人，萬曆三十八年（一六一〇年）貢，任訓導。……鄧湛露，邑之龍躍頭人。」

區內濱海的居民，大多信奉南海神洪聖及天妃，內陸農民則以供奉文武二帝為主。洪聖及天妃皆海神，[1] 其時本區濱海居民大多靠漁撈與航海為生，而於夏季時每受颱風吹襲，漁民對此二海神奉祀，以其必會默佑，若遇風濤危險，亦能較鎮定地應付，意外遂能隨之而減；從區內各洪聖古廟及天后古廟門聯語句所顯示的功能，可得若干印證。[2] 農村居民，很多祀奉文昌帝君及關聖帝君，[3] 因以其為文教之神；區內農民在農耕餘暇，亦多勤讀，希能考獲功名，得達仕途，故對五文昌供奉甚殷，有些村且建魁星閣，[4] 歲時祈祀。

六　海患與海防

葡人入侵屯門

明正德十三年（一五一八年），葡將西眇（Simão D'Andrade）率艇艦抵屯門，佔據其地，並在鄰近島嶼設刑場、抗課稅，肆意掠奪，虐待土人。正德十六年（一五二一年），御史邱道隆等奏請驅逐葡人；廣東巡海道汪鋐屯軍屯門，命將出擊，在大嶼山北岸的茜草灣，焚燒葡船多艘；葡船退稍洲，再敗；嘉靖元年（一五二二年），葡船敗逃浪自滘。[5] 香港地區始得安寧。

1 據清沆池石《羊城古鈔》卷三〈祠壇〉之南海神廟條載：「按道書：南海神姓祝，名赤，夫人姓翳，名鬱寥，韓愈以為祝融，南海之帝是也。神自唐開元時（七一三至七四一年），祭典始盛，冊尊為廣利王。宋康定（一〇四〇至一〇四一年）中，加號洪聖王；皇祐二年（一〇五〇年），以儂寇遁賴神功，加號昭順；紹興七年（一一三七年）加號威顯。元至元二年（一三三六年）加號廣利靈孚。明洪武三年始封南海之神。」同書同卷之天后宮條載：「神莆田林氏女，至孝，能知禍福，沒而祀之，航海者禱輒應。自宋封靈惠夫人；元封天妃；明封護國，加昭孝、純正、靈應、孚濟聖妃。《廣東新語》：天妃海神，或以為太虛之中，惟天為大，地次之，故天稱帝，地稱后，海次於地，故稱妃；或曰，非也，易克為澤，澤通於天，故曰天澤，以海為大，故曰天池，而兑為少女，故曰妃，艮之男為地，公侯故兑之女，為天妃；迨國朝（清朝）康熙五十九年（一七二〇年），加封天后。」由此可見，洪聖及天妃皆海神。

2 香港於明代所建的天妃宮，到清代雍乾間（一七二三至一七九五年）皆已改建，並改額稱「天后古廟」，原因是康熙五十九年加封天后，並詔令沿海興建天后廟。自此，區內天后的祭祀日趨興盛，而洪聖的祭祀則日漸式微；如今，全港共有天后廟六十餘間，而洪聖廟則只餘二十餘間。

3 近人吳瀛濤的《台灣民俗》中的第二章載：「文昌帝君：文學之神，讀書人祀之，又稱梓橦帝君。」其關聖帝君條謂：「關聖帝君，或稱關帝、關夫子、協天上帝、武聖君、文衡帝君、帝君爺、山西夫子、翊漢天尊、蓋天古佛、伏魔大帝，……儒教神，稱文衡聖帝，列為五文昌帝之一。史載：山東一人作《春秋》，山西一人讀《春秋》；後者即指關公，故尊稱山西夫子，或稱關夫子，尊崇為亞聖亞賢。讀書人所祀的文教之神。」

4 錦田水頭村內有二帝書院，內奉文武二帝，據村內父老所告，書院建於明代中葉，中為魁星閣，供奉五文昌帝君，兩旁書房供村內學子讀書用。今已廢圮。屏山上章圍旁有魁星閣一座，俗稱聚星樓，建於明代中葉，內奉關帝及魁星神位。該塔至今仍保存良好。

5 有關葡萄牙人入侵屯門，以及中葡之戰的始末，詳見拙與林天蔚師合著《香港前代史論集》。

海盜為患

嘉靖（一五二二至一五六六年）中葉，海盜林道乾聚眾數千，擄掠香港沿岸各地，並在海上勒收行水，名曰扣稅；艚船每艘取銀四五十兩，漁船則每船納銀七八兩，這使區內船隻不敢出海。及林道乾敗走大泥，各船才獲自由出海運輸作業。[1]

嘉靖三十年（一五五一年），何亞八率夷人入寇東莞守禦千戶所，千戶萬里率軍守南山煙墩，遇賊戰死，指揮使李茂材率兵往剿。[2]其時，本區位於東莞守禦千戶所境內，何亞八攻掠南山煙墩時，對鄰近的村落必曾擾掠。[3]

隆慶年間（一五六七至一五七二年），海盜林鳳寇擾廣州及惠州沿海之地。萬曆二年，林鳳率眾擾惠、潮兩地，泊舟錢澳，以求招撫；巡撫張守約與總兵張元勳督軍攻剿，林鳳率眾萬餘走福建，復為總兵胡宗憲所逐，乃入清瀾港，經澎湖，東竄台灣東石鎮的塭港，又為參將何良明追擊，最後遠走呂宋。[4]他掠劫本區時，大埔鄉民鄧師孟及鄧孔麟之父，先後為其掠去勒贖。[5]

崇禎三年（一六三〇年），閩盜李魁奇入寇東莞，參將陳拱督南頭寨水師守禦於佛堂門外，初勝後敗，海寇直至南頭海，登岸擄掠鄰近村莊，並圍攻南頭城不下，其後退去。[6]他攻掠南頭時，當亦曾擄掠香港西北岸的村落。

崇禎七年（一六三四年），艚賊劉香入寇南頭，為南頭寨水師所敗，翌年再入寇，為閩撫將鄭芝龍所平。[7]他在寇掠南頭時，相信新界沿海之地，亦曾為其所擾。

山賊為禍

萬曆十四年（一五八六年），惠州山賊陳耀圍攻歸善縣城，不能攻下，後來東走新田、九龍及官富等地，圍攻龍躍頭鄉凡九日，亦不能得手，乃退走。[8]

崇禎十四年（一六四一年），惠州銀瓶咀山賊花王攻掠龍躍頭，為官軍所敗。[9]

---

1 詳見羅師元一《一八四二年以前之香港及其對外交通》，頁一二至一三，註九。

2 清陳伯陶《東莞縣志》卷三十〈前事略三〉，嘉靖三十年秋條。

3 清舒懋官《新安縣志》卷二十〈人物志〉節婦之廖重山妻侯氏傳，其中載廖重山於嘉靖三十年時渡海，為海寇所擄。此事發生之時地與上述記載相合；而且廖重山為新界河上鄉（今上水與新田村間）鄉民，則何亞八曾擾掠新界海域，當無異議。

4 清張廷玉等《明史》卷二百十二〈張元勳傳〉。

5 林鳳擾劫本區時，大埔鄉民鄧師（思）孟及鄧孔麟二人之父，先後為其掠去，勒收贖金；二人均赴賊船，以身代父。其後，鄧師（思）孟跳海自盡，龍躍頭鄧姓族人祀之於祠內，許為鄉賢，官府且大事嘉許，並為之立孝子祠，春秋祭祀；鄧孔麟則俟父離賊船後，才跳水游回岸上。事蹟詳見清舒懋官《新安縣志》卷十九〈人物志〉之鄉賢及孝行條。

6 同上，卷十三〈防省志〉之寇盜，崇禎三年（一六三〇年）條。

7 同上，崇禎六年（一六三三年）、七年（一六三四年）及八年（一六三五年）三條。

8 香港新界龍躍頭《温氏族譜》中〈丙戌寇荒〉一文。

9 清舒懋官《新安縣志》卷十三〈防省志〉之寇盜，崇禎十四年條。

海防狀況

明初，香港地區隸東莞守禦千戶所轄管，該所設於洪武十四年（一三八一年），所城位於今南頭城內，建於洪武二十七年（一三九四年）；[1] 昔該所兵力不足以保香港地區，致使居民常受寇擾。

嘉靖十五年（一五三六年），在香港及其鄰近濱海一帶，增設南頭寨，以南頭海防參將駐守。該寨轄區東自大鵬鹿角洲起，西至廣海三洲山止，轄六汛地，[2] 每汛兵二百十名、船八艘，以一把總率領。[3] 位於香港境內的，有佛堂門、龍船灣及大澳三處汛地。[4]

自南頭寨設立後，至明代末年，香港地區的寇患略減，這是當時軍民合力守禦之功。

1 清靳文謨《新安縣志》卷三〈地理志〉之城池條。

2 該六汛地為佛堂門、龍船灣、洛格、大澳、浪淘灣及浪白。詳見清舒懋官《新安縣志》卷十二〈海防略〉引萬曆十四年兩廣總督吳文華言。

3 清靳文謨《新安縣志》卷八〈兵刑志〉之南頭寨兵及寨船兩條。

4 佛堂門位於香港島北部的水道，其北為田下山半島，名北佛堂；南面為東龍島，亦稱南堂島，古稱南佛堂。龍船灣位於西貢灣內，其北部為西貢半島，南面為糧船灣洲，該水道舊稱官門水道。如今，該水道已闢建成船灣水塘，其原址現已沉於水塘中。大澳位於大嶼山西北岸，岸上在明代已為一墟市，今已發展成一市鎮。沿岸海灣至今仍為漁船聚泊之所。

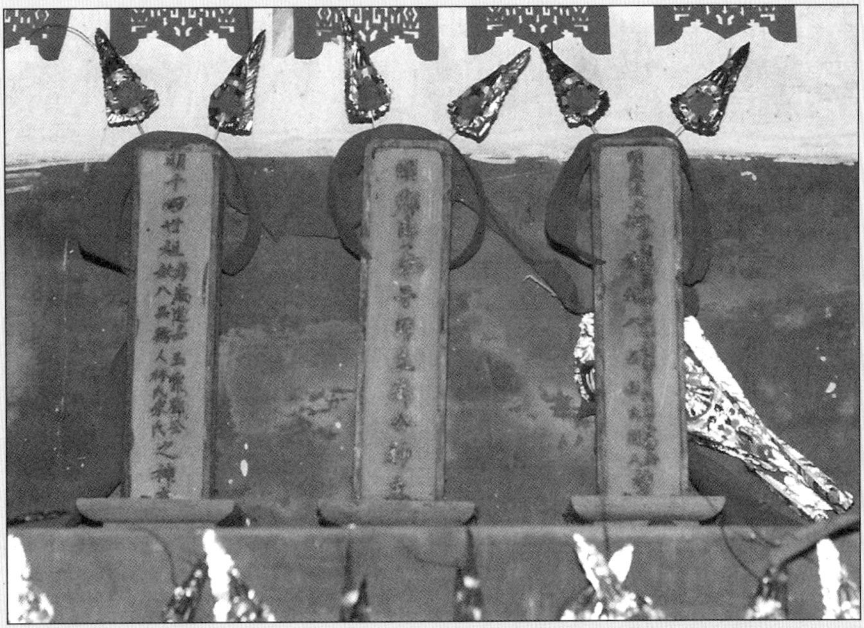

圖 2-13 粉嶺龍躍頭松嶺鄧公祠內明孝子鄧師孟之神位（中立者）

圖 2-14 南頭城南門遺蹟

七　小結

元代中土淪為外族統治，以致中原人士大量南遷，到明代定居香港地區，且與土著同化，合力發展；加以氣候適宜，土壤肥沃，故物產豐裕，民生安逸，雖自中葉後間有海盜為患，幸得軍民合作，常能轉危為安。其時居民在香港地區定居及發展，奠定日後重要的經濟地位。

清代初期的香港

清初，為禁止沿海居民對台灣鄭氏交通接濟，遂於順治十八年（一六六一年）八月，厲行遷海令，沿海居民全部遷回內陸，香港也在內遷範圍，全區遂被荒廢。康熙八年（一六六九年）展界，居民被許遷回今新界內陸地區，到康熙二十三年（一六八四年）弛海禁，廢遷海令，離島地區居民始得遷回。

一　遷海之倡議

清廷為禁沿海居民接濟反清之台灣鄭氏，於順治十三年（一六五六年）頒發海禁令，然收效不大，沿海居民仍與台灣鄭氏勾結，資以糧食。

順治十八年，為禁沿海居民接濟台灣鄭氏，海澄公黃梧倡議遷海，兵部尚書蘇納海及施琅按議，是年八月，朝廷遂頒遷海令。[1]

主張倡議者有房星曄及張雲章，但二人官職及德行未及為倡議者。[2]

二　遷海範圍

遷海令行於江南、浙江、福建、廣東四省沿海，廣東及福建兩省則較嚴厲執行；範圍自海濱至內陸，有遷五十里（廣東），亦有四十里、三十里（福建及鄰近地區）、二十里或十里不等。[3]

勘界及督遷工作，分南線及北線兩區進行。南線為廣東地區，朝廷命副都統科爾坤及侍郎介山會勘定界；江南、浙江、福建三省之地為北界，由兵部尚書蘇納海及侍郎宜里布會勘遷民。[4]

實施時，定下日期，於界上畫線，位線外者皆遷。界線旁邊立碑，設置墩台，派兵駐守。定時派員弁勘查，私自出界外者死，或以私通賊寇論斬。[5]

1　清《聖祖康熙皇帝實錄》卷四，順治十八年辛丑八月己未之〈諭部敕令〉。
2　拙著《清初遷海前後香港之社會變遷》，頁九八至一〇〇、一〇三。
3　同上，頁一〇三至一〇五。
4　同上。
5　清舒懋官《新安縣志》卷二十二〈藝文志〉之國朝巡撫王來任展界復鄉疏。

三 遷海期間香港地區所受之禍害

順治十八年初遷，因事出倉促，居民無充分準備，雖得政府安置內地，或獲鄰近地方收容，但民困仍未能解。康熙二年（一六六三年）再遷，大員會勘定界，界線旁邊立碑，設置墩台，派兵駐守。康熙三年（一六六四年）三遷，界定。新安縣被裁撤，歸併東莞縣。[1]

香港地區各村全位被遷境內，西北面自新田起，東北方至沙頭角止，南面村落皆遷，界外者棄家園田地，安插界內之地，致流離失所，家散人亡，界內者亦受到禍害。[2]朝廷於遷界要地，築設墩台，派兵駐守，以防遷民出界；位新界者，有屯門墩台、獅子嶺墩台、大埔頭墩台及麻雀嶺墩台。[3]遷民中也有「賣界」，潛出界外，回區內居住。[4]

1 清舒懋官《新安縣志》卷十一〈防省志〉之初遷及再遷兩條。清陳伯陶《東莞縣志》卷三十二〈前事略〉之四國朝一，康熙元年（一六六二年）、康熙二年及康熙三年三條。

2 清屈大均《廣東新語》卷二〈地語〉之遷海條。

3 拙著《清初遷海前後香港之社會變遷》，頁一一五。

4 香港新界龍躍頭《温氏族譜》中的〈移村記〉。

圖 2-15 錦田水尾村樹屋：遷海期間居民離去，未有遷回，致房屋為樹所掩蓋

四 展界之倡議

遷海對沿海居民為害甚大，但無損台灣鄭氏之自立。且沿海空虛，易為鄭氏將卒入侵，以致寇掠擴大。

遷海初期（順治十八年），首有湖廣道御史李之芳的反對，[1] 繼有康熙五年（一六六六年）福建總督李率泰之遺疏，[2] 及康熙七年（一六六八年）廣東巡撫王來任之遺疏，[3] 加上兩廣總督周有德之勘界及請復，[4] 朝廷遂於康熙八年（一六六九年）展界，廣東沿海邊民獲准遷回復業，以海邊為界。[5]

康熙二十一年（一六八二年）台灣鄭氏降，康熙二十三年（一六八四年）弛海禁，廢遷海令，沿海島嶼居民始得遷回。[6]

五 廣東復界之實施

康熙八年展界，香港沿海邊民復業，以海邊為界，惟遷海令未撤。康熙二十一年台灣平，大奚山諸島始盡復。[7] 康熙八年至二十四年（一六八五年）間招復開墾（十四年至十六年間無），居民陸續遷回。

遷海期間，香港地區因被荒廢，致受賊寇侵擾，可考者有康熙二年十一月周玉、李榮之擾，康熙三年八月，袁四都潛於官富、瀝源為巢及同年蘇利之患。幸最後各患仍能為官府所平。[8]

遷海之為禍甚大，復界後，遷回者少，田地房舍荒廢，[9]前代建築及文物無存。此至鄰近客籍居民之遷入定居，及港九新界地區鄉村之重建與發展，情況才有所改善。

1 拙著《清初遷海前後香港之社會變遷》，頁一一八至一二一。
2 清李桓《國朝耆獻類徵》初編卷一〈宰輔一〉之李率泰國史館本傳。
3 清舒懋官《新安縣志》卷二十二〈藝文志〉。
4 清《聖祖康熙皇帝實錄》卷二十七，康熙七年戊申之〈兵部議復〉。
5 清阮元《廣東通志》卷一百二十三〈海防略一〉，康熙八年條。
6 清陳伯陶《東莞縣志》卷三十二〈前事略〉之四國朝一，康熙二十三年條。
7 清舒懋官《新安縣志》卷十一〈防省志〉之遷復條。
8 拙著《清初遷海前後香港之社會變遷》，頁一五一至一五三。
9 香港新界龍躍頭《温氏族譜》中温煥泰的〈復界記〉。

清代中葉的香港

一 原居民之遷回

康熙八年（一六六九年），兩廣巡撫王來任發現遷海未能有效打擊沿海的反抗勢力，於是請求朝廷取消遷海令，結果朝廷准許香港居民返回原居地，但以海邊為界，不得出海到離島，稱作展界。到康熙二十四年（一六八五年）才正式復界，出海到離島的限制被取消。[1] 但由於遷海令施行了二十多年，部分居民離開香港地區已久，有早在外地定居生活，也有些於遷徙中途死去，所以遷回香港的居民人數不多。康熙末年，香港境內重建之村莊只一百二十七條。[2]

1 拙著《清初遷海前後香港之社會變遷》，頁一二五至一二七。
2 同上，頁一七八至一八一。

圖 2-16 新界錦田周王二公書院內二公之畫像及神位

二　客家人之入遷

因遷回香港的居民人數不多，於是政府給予鄰近地區的居民優惠，鼓勵他們遷入香港，例如入遷的客家人考科舉有特別的配額，就是所謂客籍學額，[1] 以充實戶口。新入遷者多居舊家族鄰近地域，稱客家人。嘉慶初年，香港境內重建之村莊共二百零八條，新增之客籍村莊則有一百二十八條。[2] 此舉卻引起了本地人與客家人的紛爭，即所謂「土客之爭」，械鬥時起，引致傷亡甚眾，殉難者的神位有供奉於家族祠堂內，亦有供奉於區內的主廟內。[3]

三　新界地區之鄉治

清廷於各地分鄉、都、圖、里。新安縣有三鄉、七都，香港地區是在第五及第六兩都內，[4] 新界已是新安縣的五分之二的土地，而清政府又行保甲制，以值理方式來管治香港境內各村，任用地方鄉紳、總理、耆老、族長等共管鄉事，經辦團練事宜，鼓勵村民奉公守法，提倡教育敬祖，以及導民修身向善。並以他們為朝廷的代表，為政府收稅，及保衛地方，[5] 如文氏及廖氏均有團練組織來保護地方。

四 區內之社會

自復界後，外遷者陸續遷回，重建家園，同姓者多聚居，且與分遷鄰近的同姓家族結盟定約，如上水廖氏、侯氏，粉嶺彭氏，錦田鄧氏及龍躍頭鄧氏等，此等姓族人口日多，勢力日大，漸發展為大族。新入遷者初入居本地村落，佃田耕種，[6] 亦有於村外另建新村，開荒耕種。[7] 經濟較優之家族，多於村的四周建圍牆，用作防禦。[8]

1 同上，頁一七一。
2 同上，頁一八〇至一八一。
3 今大埔林村天后古廟、沙頭角平奮天后古廟、荃灣廟崗天后古廟及錦田城門新村協天宮等之偏殿，皆有烈士靈位，供奉護村烈士。
4 清靳文謨《新安縣志》卷三〈地理志〉之都里條。
5 拙著《香港前代社會》（香港：中華書局（香港）有限公司，一九九〇年），頁三七至三九。
6 如屯門龍鼓灘劉氏，其祖先初遷花香爐落擔時，曾向屯門陶氏佃地耕種。
7 如大欖涌胡屋之胡氏，及荃灣青快塘之傅氏。
8 如屯門鍾屋村及順風圍，皆建有圍牆。

有些家族主理墟市貿易，如元朗墟、石湖墟、大步頭墟、長洲墟、厦村墟、太和市、屏山市及錦田市等。[1]新入遷者多共組鄉約，互助互保，如元朗十八鄉、錦田八鄉、沙田九約、大埔七約、元朗東頭約及城門八鄉等。各族間因利益問題，間有械鬥發生。[2]

大族建祠堂為祭祖之所，亦為族內的司法場地，族中大事，皆由族長父老主持。[3]雜姓村莊，則多建神廟，作為議事之地，並以酬神、祭祀、醮會等儀式作聯繫，如八鄉古廟、十八鄉天后古廟、太和市文武二帝廟等。[4]

區內居民甚重科第，[5]村內多有書院、書塾、家塾之設，[6]亦有以祠堂及書室等祀祖場所兼作教育場地，[7]禮聘教師，教育村內子姪。

五 寇患與海防

復界後，香港沿海寇患頻繁。康熙年間，初有鄭成功部將鄭建於遷海間自福建率眾南遷，據大鵬灣，其部眾且淪為海盜。[8]台灣巨盜李奇，亦曾劫掠香港沿岸，其後敗亡。[9]乾隆年間（一七三六至一七九五年），鄭建子孫鄭連昌及鄭連福為患廣東東南沿岸，鄭連昌據香港東面鯉魚門北岸之惡魔山，即今之魔鬼山；鄭連福則據香港西面之大嶼山，向經過之商船勒收行水。[10]

乾隆末年，鄭連福後人鄭七被越南流亡政府封為「大司馬」，統率越南及廣東東南沿岸之海寇。鄭七死，從弟鄭一繼領其眾。嘉慶十二年（一八〇七年）鄭一遇風溺斃，妻石陽氏（號一嫂）領其部，郭婆帶及張保等東南艇盜附之，為患珠江口一帶，至嘉慶十五年（一八一〇年）寇患始平。[11]

1 如元朗墟為錦田鄧氏主理，石湖墟為鄧、文、廖、侯、彭五族共同主理，大步頭墟為錦田鄧氏主理，廈村墟為廈村鄧氏主理，太和市為大埔七約共同主理。

2 大埔林村與鄰近大族、荃灣鄉與城門八鄉及沙頭角平輋與深圳黃背嶺之械鬥，各區之天后古廟內皆有碑記及文物可考。

3 如錦田之清樂鄧公祠、龍躍頭之松嶺鄧公祠、上水之萬石堂廖氏宗祠及粉嶺之彭氏宗祠。

4 每年神誕，各廟例有慶典，廟內且有公秤設置。

5 各姓祠堂內皆懸掛族內子弟獲得之功名的牌匾，以示光宗耀祖。

6 如錦田之二帝書院、禾坑之鏡容書屋及上水之應龍廖公家塾。

7 如錦田之鎮銳鋗鄧公祠、上水之萬石堂廖氏宗祠及粉嶺之彭氏宗祠，皆曾用作學校。

8 拙著《清初遷海前後香港之社會變遷》，頁二三五至二三六。

9 清靳文謨《新安縣志》卷十一〈防省志〉之寇盜條。

10 拙著《清代香港之海防與古壘》（香港：顯朝書室，一九八二年），頁三六至三七。

11 有關清代東南艇盜始末，詳見拙著《粵東名盜張保仔》。

乾嘉期間（一七三六至一八二〇年），英人東來通商貿易，朝廷遂於沿海增強防務，香港位入粵之門戶，其軍事地位甚為重要。自復界後，香港陸上廣置軍營及塘房，屬新安營轄管，沿海汛台、炮台及巡海師船，則屬大鵬營轄管；水陸分防，使區內防務更為堅固。[1]至道光年間（一八二一至一八五〇年），英人東來之威脅日大，朝廷遂將大鵬營提升為協，分左右兩營，沿岸加建炮台及汛房，增兵駐守。[2]

六 小結

道光十九年（一八三九年），中英鴉片戰爭爆發，清廷敗績；道光二十一年（一八四一年）簽訂《南京條約》，割讓香港島予英人，繼於咸豐十年（一八六〇年）割讓九龍半島，及光緒二十四年（一八九八年）租借新界。爾後，香港地區逐漸由農村社會發展至一大都會。

1 拙著《香港之海防歷史與軍事遺蹟》（香港：中華文化交流服務中心，二〇〇六年），頁六至八。

2 同上，頁八至九。

圖 2-17 清道光初年建造的大嶼山東涌寨（鳥瞰）

香港古代史大事年表

時期	事件
公元前二一四年 （秦始皇三十三年）	秦始皇平南越，置南海、桂林、象郡等三郡。南海郡轄領番禺、博羅、中宿、龍川、四會及揭陽等六縣。當時，香港地區屬南海郡番禺縣。
公元前一一九年 （西漢元狩四年）	鹽鐵專賣，番禺設鹽官，駐南頭，香港地區鹽場隸番禺鹽官管轄。
二六五年 （三國吳甘露元年）	番禺設司鹽校尉，轄領香港地區鹽場，番禺改屬東莞郡。當時，香港地區屬南海郡博羅縣。
三三一年 （東晉咸和六年）	香港地區改屬東莞郡寶安縣。
三九七至四〇一年 （東晉隆安年間）	南越人，鄭姓，披剃出家，於屯門建普渡寺。
四〇三年 （東晉元興二年）	盧循為劉裕所敗，餘部退居廣東南部海中，稱盧餘，地稱盧亭，疑為香港西部大嶼山一帶。

（續表）

時期	事件
四二〇至四七八年（南朝劉宋年間）	相傳印度高僧杯渡禪師駐錫屯門。其後該山遂稱杯渡山，即今之青山。
五九〇年（隋開皇十年）	廢東莞郡，寶安縣歸廣州府屬。當時，香港地區屬廣州府寶安縣。
七三六年（唐開元二十四年）	置屯門鎮，兵轄二千，治所設南頭，隸安南都護府。
七四四年（唐天寶三年）	浙江海寇吳令光作亂，南海太守劉巨鱗調屯門鎮兵北上平亂。
七五七年（唐至德二年）	屯門為中國南方交通要道。當時，香港地區改屬廣州府東莞縣。
九五五年（北漢乾祐八年）	關翊衛副指揮、同知屯門鎮檢點、防遏石靖海都巡陳延鑴杯渡禪師像，立於杯渡山杯渡岩內。並於該地建軍寨，派兵駐守。
九五八年（南漢大寶元年）	置媚川都，有兵二千，於大埔海至大嶼山一帶沿海地帶，招募專戶採珠。
九六九年（南漢大寶十二年）	劉鋹敕封杯渡山為瑞應山，並勒碑紀其事。

（續表）

時期	事件
九六〇－九九〇年（北宋初）	大嶼山一帶海濱置海南柵鹽場。
九七二年（北宋開寶五年）	廢媚川郡，兵勇少壯者編入靜江軍，老弱者遣回原籍。並禁民採珠。
一一二七至一二九六年（南宋間）	九龍灣西北岸設官富鹽場。大嶼山為李昴英食邑的一部分。
一一三一至一一三五年（南宋紹興元年至五年）	朝廷招降大嶼山居民朱祐等，其少壯者編為水軍，老弱者放歸。
一一九七年（南宋慶元三年）	大嶼山居民萬登、徐紹夔率眾作亂，朝廷派兵平定。事後，差摧鋒水軍三百名戍守，每季一更換。
一二〇〇年（南宋慶元六年）	駐大嶼山摧鋒軍減半，屯於官富。
一二五四年（南宋寶祐二年）	李昴英封番禺開國男，食邑三百戶，大嶼山為其部分之食邑稅山。
一二七七年（南宋景炎二年）	宋端宗趙昰與群臣經大鵬灣進入大嶼山梅蔚；四月移駐官富場；九月移駐淺灣。（按：梅蔚疑為今馬灣，官富場為今九龍城濱海之地，淺灣即今之荃灣。）

（續表）

時期	事件
一二七八年（南宋景炎三年）	宋帝趙昰病逝於硇州（疑為大嶼山），衞王趙昺繼位。
一二七九年（南宋祥興二年）	罷官富的摧鋒軍。南宋亡。香港地區歸元統治。
一二八〇至一二九四年間（元至元年間）	置屯門巡檢司，衙署置於屯門寨，理民政務。大嶼山島上民居復聚。朝廷下詔採珠。
一二九三年（元至元三十年）	官富場鹽課冊附入黃田場。
一三五五年（元至正十五年）	群雄並起覆元，東莞何真於坭岡起義，香港地區居民響應。
一三五九年（元至正十九年）	何真於今新界黎洞、林村及岑田（今稱錦田）等地設立營壘。
一三六八年（明洪武元年）	何真以東莞地域降明，香港地區歸明統治。
一三七〇年（明洪武三年）	改元代的屯門巡檢司為官富巡檢司。

（續表）

時期	事件
一三八一年（明洪武十四年）	朝廷於廣東沿海設防，香港東部設置大鵬守禦千戶所，西部設置東莞守禦千戶所。
一三九四年（明洪武二十七年）	建大鵬所城，位於今大鵬半島北部及東莞所城，即今之南頭城。
一五一八年（明正德十三年）	葡馬六甲總督遣西眇率葡船一艘、帆船三艘，抵屯門，建堡壘壕障，欲據該地。
一五二一年（明正德十六年）	廣東水師與葡人戰於茜草灣及稍州，葡人大敗。
一五二二年（明嘉靖元年）	葡人敗逃浪白滘，香港屯門一帶無復葡人居留。
一五三三（明嘉靖十二年）	千戶顧晟與海寇許折桂、温宗善戰於東莞春花洋面（青衣島水域），敗死。
一五三五至一五五〇年間（明嘉靖中葉）	林道乾聚眾擄掠香港沿岸各地。
一五三六年（明嘉靖十五年）	設南頭寨，治所位於東莞守禦所城內。該寨轄下汛地六處：洛格、龍船灣、大澳、佛堂門、浪淘灣及浪白，其中龍船灣（今糧船灣）、大澳及佛堂門位於香港境內。

（續表）

時期	事件
一五五一年（明嘉靖三十年）	何亞八率夷人入寇香港鄰近地域，指揮使李茂材率兵往剿。
一五五三年（明嘉靖三十二年）	何亞八就擒。
一五五八年（明嘉靖三十七年）	罷採珠業，香港採珠業從此不振。
一五六七至一五七二年（明隆慶年間）	林鳳寇香港地區，擄掠大埔鄉民。
一五七三年（明萬曆元年）	香港地區改屬廣東省廣州府新安縣。
一五八六年（明萬曆十四年）	陳耀圍攻香港新界各村落。
一五八七年（明萬曆十五年）	新安縣旱災，新界岑田鄧元勳捐穀三千石賑災。自是，岑田易名錦田。
一五九一年（明萬曆十九年）	設南頭參將，派船巡汛佛堂門、九龍、屯門及急水門等水域。

（續表）

時期	事件
一五九六年（明萬曆二十四年）	新安縣大荒，青衣島陳億出粟一千石賑災。
一六二三年（明天啟三年）	荷蘭軍艦入侵佛堂門，新安縣知縣陶學修率軍民將荷蘭人擊退。
一六三〇年（明崇禎三年）	海盜李魁奇入寇，參將陳拱在佛堂門外抵禦，為盜所敗，海盜遂劫掠香港西北部村落。
一六三四年（明崇禎七年）	劉香寇掠香港新界沿海地域。
一六三六年（明崇禎九年）	威德爾（John Weddell）率英國船隊抵屯門。
一六四一年（明崇禎十四年）	惠州銀瓶咀山賊綿花王攻掠新界龍躍頭。
一六六一年（清順治十八年）	清廷厲行遷海令，斷絕沿海居民與台灣反清勢力的聯繫。香港境內居民全部被遷內陸，全境地區遂荒廢。
一六六四年（清康熙三年）	袁瑞（四都）據瀝源，為游擊梁有才勦滅。

（續表）

時期	事件
一六六六年（清康熙五年）	裁新安縣，併入東莞縣，香港地區歸屬東莞縣。
一六六八年（清康熙七年）	置屯門、九龍、大軍營、佛堂門、大埔頭、聖山及麻雀嶺等墩台。 王來任、周有德請准展界。
一六六九年（清康熙八年）	朝廷下令展界，復置新安縣及官富巡檢司。 增設麻雀嶺、平輋兩塘房，及輞井營盤。 設元朗墟。
一六七一年（清康熙十年）	官富巡檢蔣振元捐俸買地建官富巡檢司衙門。
一六七二年（清康熙十一年）	九月，台灣海寇李奇劫掠西貢、蠔涌及瀝源等地，為知縣李可成擒殺。 設大埔頭墟。
一六八二年（清康熙二十一年）	設屯門寨，及麻雀嶺、大埔頭、九龍、輞井等汛。
一六八三年（清康熙二十二年）	首艘英商船卡羅利那（Carolina）號東來大嶼山貿易。

（續表）

時期	事件
一七二三年（清雍正元年）	楊琳建佛堂門及大嶼山兩炮台。
一七三五年（清雍正十三年）	海盜鄭連福兄弟佔據香港水域，鄭連福據大嶼山，鄭連昌據鯉魚門後山。
一七四三年（清乾隆八年）	八月，新安縣將塔門潘卓懷、黃龍等強佔徐紹勳、葉昂申之稅田判歸徐、葉二氏。
一七八六年（清乾隆五十一年）	新安縣頒令元朗佃戶，按田之肥瘠議斗定租，以部頒倉斗為準。
一七九五年（清嘉慶元年）	上水創建石湖墟。
一八〇二年（清嘉慶七年）	兩廣總督衙門諭令吉澳業主不准加租。
一八〇六年（清嘉慶十一年）	東印度公司的霍士保（James Horsburg）在香港海面測繪地圖。
一八〇九年（清嘉慶十四年）	清水師聯合澳門葡艦隊在大嶼山赤鱲角與張保仔部激戰，張保仔遁去。

（續表）

時期	事件
一八一〇年（清嘉慶十五年）	張保仔降清。 佛堂門炮台移建九龍灣畔，錦田武舉人鄧英元助修炮台有功。 改墩台為汛房，計有屯門、麻雀嶺、大埔頭、九龍、輞井、城門凹、橫州、官涌、蕉逕、大嶼山、紅香爐、東涌口等汛。
一八一六年（清嘉慶二十一年）	英訪華之印度總督阿美士德（W. P. Amherst）與副使士丹頓（George Staunton）在香港瀑布灣會面。
一八一七年（清嘉慶二十二年）	重建東涌口汛房及石獅、雞翼角炮台。
一八二〇年（清嘉慶二十五年）	英商船匯集香港島及尖沙咀一帶，且在香港島沿岸搭建寮棚居住。
一八二一年（清道光元年）	清廷以把總一員、外委一員率兵十六名駐守屯門汛。
一八三二年（清道光十二年）	建東涌寨城。
一八三五年（清道光十五年）	兩廣督撫頒令禁止縣政府隨意徵集漁船，騷擾漁民。

第三章

香港的居民

香港的土著

香港的四大民系

香港新界的客族

香港新界的五大族

開埠以前香港地域家族入遷情況

香港的土著

遠在石器時代，香港地區已有先民活動。近年考古發現的史前文化遺址，分屬新石器時代中、晚期及青銅器時代。其時，區內的土著居民，大多為傜、蜑及越族。

一 傜民

傜民，古作「猺」，源出湖南五溪蠻，[1]分兩支進入廣東，[2]主要聚居於西江南路及北江一帶；香港地區與傜人居住區相鄰，故當亦是傜人聚居的地方，可惜早期的歷史已難考證。[3]不過，據志籍所載，南宋初年，大嶼山一帶曾有傜人作亂，其後為官兵所平，[4]可知其時境內仍有傜民居住。傜民後來因與漢人長期接觸，逐漸漢化。

二 輋民

輋民，本作「畬」，為古代傜族的分支，[5]主要分佈於閩、贛、浙、粵地區。香港地區為古代輋民居住的地方。現在新界地區以「輋」字為村名的，有沙田的上下禾輋、大輋，錦田的上下輋，大埔林村的大芒輋，沙頭角蓮麻坑的坪輋，十四鄉的輋下，西貢蠔涌的莫遮輋、橫輋，西貢北港的輋經篤，東平洲的輋腳下，以及大嶼山東涌的藍輋等地，皆疑為早期輋民居處。他們以刀耕火種為業，所耕的梯田稱輋田。[6]他們亦已漢化。

1 宋范成大《桂海虞衡志》中載：「猺本五溪槃瓠之後。」「槃瓠」相傳為南蠻始祖。「五溪」即湖南武陵的雄溪、樠溪、西溪、沅溪及辰溪。
2 一自湖南入廣西，轉徙西江南路；一自湖南入粵北，再轉粵東。
3 今香港北面新安縣柑坑山，仍有傜人居住。
4 詳見明盧祥《東莞縣志》卷一〈山川〉之大奚山條。
5 明鄺露《赤雅》中載：「傜名輋（畬）客，古八蠻之種。」可見輋為傜的一支。
6 香港新界粉嶺陳氏及趙氏在其族譜中載述其祖先田產中有「輋（田）」。

三　越民

越民，古作越蠻，屬百越民族。[1]香港地區古時屬百越地，故亦當為越蠻居所。古越蠻居地大多以「洞」為名。現在香港地區仍有以「洞」為名的聚落，有粉嶺丹竹坑的萊洞（舊稱黎洞）、下萊洞，十四鄉的大洞、大洞禾寮，上水的古洞，船灣畔的沙螺洞（亦稱沙羅洞）、洞梓，以及西貢深涌的南北洞（亦作牛湖塘）等，皆疑為早期越蠻所居的蠻洞。除此之外，香港多處地方發現的回紋石刻，[2]其中有飛鳥形象，正是以捕魚為生的沿海越人崇拜的圖騰，這亦疑為古越人居住留下的遺蹟。[3]不過，自中原漢人南遷，定居該區，境內越人亦已被同化。

1　越人無統一民族，越族或百越族之名只為泛稱。

2　香港濱海地區發現回紋石刻凡七處，分佈於東龍島、蒲台島、石澳大浪灣、香港仔黃竹坑、大嶼山石壁、長洲及西貢滘西洲等地。詳見拙與林天蔚師合著《香港前代史論集》（台灣商務印書館，一九八五年），頁六二至六八。

3　詳見秦維廉（William Meacham）《香港古石刻——源起及意義》（香港：基督教中國宗教文化研究社，一九七六年），頁四十。

香港的四大民系

香港及新界境內的四大民系，為廣府人、客家人、鶴佬及蜑家人。他們自秦漢期間，從中原地域轉輾南遷，至宋明時才定居境內；他們南遷主要為逃避戰亂，亦有因原居地生活艱苦、謀生困難之故。

一　廣府人

廣府人俗稱本地人，為香港境內操粵語系的居民，本是中原人士，自秦漢間遷入古代廣州府屬各地，在宋朝時，為避戰亂，[1]而陸續南遷，散居新界西北部肥沃的平原地帶，[2]以耕種為業，亦有經營商業。宋元間，入遷境內的姓族，可稽考的，有鄧、文、廖、侯、

1 北宋末因避金人的入侵，南宋末因避蒙元的壓迫。

2 主要集中今元朗平原濱海地帶，繼向西面的錦田盆地及粉嶺、上水盆地等河谷地帶發展。

圖 3-1 新界廣府農人

彭、陶、吳等姓族。[1]此等人士，因自中原南遷時，最初先居停香港鄰近的廣州府屬地域，其後才再遷入香港境內，故稱他們為廣府人，即廣州府屬人士。又因香港地區在明清時原屬廣州府轄管，[2]故居民稱本地人。

二 客家人

客家人，為香港區內操客家語的居民，本是中原人士，自秦漢間遷入粵北地域，[3]元明間始為避亂而遷入香港境內。[4]這些自中原遷居粵北的人士，因晉元帝時曾下「給客制度」詔書，使能定居新遷地域，與該地的原居民雜處；他們最初雖為「客」，但因長久客居後，

1 此據各姓族譜所載。

2 明代，香港地區初屬廣州府東莞縣；萬曆元年（一五七三年），以東莞縣東部地域建新安縣，香港地區遂改隸新安縣。清代沿襲之。

3 客人的南遷，始於秦時，秦始皇自統一宇內後，曾遣軍士駐守粵北大庾嶺，以防南蠻入侵；二世亡國後，駐軍大多不願北返，繼續留居當地，遂為「客人」。其後，西晉時五胡亂華，唐末黃巢作亂，宋時金人入侵，皆使大量中原人士避亂嶺南。

4 南宋末年，粵東客人多次起義抗元，可惜皆失敗。此等客族餘眾，大多退居香港地區北部，及深圳地域，亦有遷入香港新界地區。

已不自知為客，變成「反客為主」；且把宋以後由他地南遷的漢人，稱之為「客」。因此，客家人實由中原南遷的各民系所混成。

客家人入遷香港境內，始自宋末元初，主要是為了逃避蒙古人的壓迫。其後，清初復界，朝廷為充實境內人口，特別獎勵墾殖，[1]廣東東北部、福建和浙江等地部分居民希求改善生活，遂整批地遷入香港地域。由於他們入遷該區較遲，故大多只能聚居山地，從事農耕，或製作陶瓷等手工物品；[2]部分入住本地人地域，佃地耕作，藉以謀生。他們在新界分佈甚廣，因從不同地域遷入，故保存了不同的風俗習慣，而且各供奉其原居地的神靈，因而廟宇林立。[3]

三 鶴佬

鶴佬原稱福佬，為境內操漳潮語系的居民，本是中原河洛人士，[4]唐朝時避難南遷，定居閩南，亦有部分人繼遷廣東潮汕地區。此等居民原稱河洛人，後來變音誤作河佬、福佬及鶴佬。

鶴佬大多為水上居民，宋朝時，已自閩潮南遷香港東部沿岸地區。他們南遷，主要因戰亂及原居地土壤貧瘠之故；加以其地居民造船技術獨步全國，且善航海，故以航運及捕魚為業。他們自福建遷入潮汕的，分新舊兩族：舊族指遷自莆田者，新族為來自漳泉者。

他們短暫駐足潮汕後，部分繼沿廣東海岸南移，至海豐、惠陽、東莞，甚至遠達雷州、海口等地。

他們除聚居香港地區東部的水域外，亦有人移居上岸，開村立業，從事商業貿易。[5]

四 蜑家人

蜑家，亦作「蛋」或「疍」，為百越民族的一分支，初不限於水居，也有陸處。昔年秦攻越，越為所敗，其民多入叢薄，與魚獸相處，亦有避居河泊間，是為蜑。[6] 唐宋時，蜑人

---

1 清康熙元年（一六六二年），朝廷為禁止沿海居民與台灣鄭氏交通接濟，遂施行海禁令及遷海令，沿海居民盡遷內陸，康熙八年（一六六九年）展界，至二十三年（一六八四年）復界，居民才能遷回沿海地帶居住，可是多年他遷，部分人已客死異域，亦有定居他鄉，故遷回者少，朝廷為充實沿海人口計，於是在康熙八年至二十四年（一六八五年）間，招復開墾。

2 如大埔碗窰馬氏，在乾隆間（一七三六至一七九五年）入遷文、謝二姓居地，從事陶碗製作，並於其地開村立業，其後人至今仍居當地。

3 客人從原居地帶來的神靈，其著者有：揭西的三山國王及惠州的譚公，各有廟宇多座。

4 河指黃河，洛指洛水，皆是中原地。

5 香港九龍城地區，舊有鶴佬村，其後清拆，發展為今福佬村道。長洲島上至今仍存鶴佬村。

6 清范端昂《粵中見聞》卷二十〈人部〉八之蛋人條。

圖 3-2 長洲學佬巷

圖 3-3 西貢彎畔蛋家艇

多散居閩粵濱海地帶，以採珠及捕魚為業。廣東的東莞、增城、新會、香山及惠潮濱海地帶尤多蜑家人。[1]

蜑家人保持古百越民風，圖騰為「蛇」，自稱龍種，稱龍戶，以船為家，入水時常披髮繡面文身，以像蛟龍。最初不服中央管轄，至唐時才開始向朝廷輸糧；明初被編入戶籍，漸多陸居。

香港沿海的灣港，舊有蜑家艇戶頗多，尤以后海灣、青山灣、大埔海、西貢沿岸及離島的海灣最多，[2]大都以捕魚及航運為業。近年都市發展，沿岸大事填海，頗多蜑民由政府安排，遷住陸上。[3]如今，仍居艇上者，為數日減。

1 明王佐《廣東通志》卷七十〈外志〉五雜蠻之蛋民條。

2 今新界西貢濱海仍有海灣名蜑家灣。

3 香港島東部的筲箕灣及南部的香港仔海灣處，舊為艇戶聚居之地；隨着都市發展，政府在二十世紀七八十年代安排艇戶遷居陸上，筲箕灣畔已發展為明華大廈屋邨，香港仔區則已興建了漁光邨及石排灣邨，所餘的艇戶亦已他遷。

香港新界的客族

香港新界地區，宋朝時已有客族入遷，歷明清兩朝，遷入者日眾。這些客人，皆從粵北地域或鄰近的贛閩二省遷入。

一 客族入遷廣東

客家先民本是中原漢族，因避戰亂及饑荒，分多次輾轉南遷，首先定居福建、江西及安徽等地，再南遷廣東北部，繼而遷入南部地域，與當地人士雜處。他們入遷廣東的經過，可分下列數個時期：

一　西晉期間，因五胡亂華及八王之亂，自河南中州沿長江下皖贛一帶。

二　唐朝末年，因黃巢之亂及五代十國之亂局，才開始入遷贛南、福建西北及粵北。

三　宋朝末年，因金人南下，及元蒙入主中原，繼遷廣東東南部。

四　明末，滿人入關，遷居廣東南部及西部，小部分遷至貴州南部。

五　清中葉後，因受太平天國的影響（一八六七年後），遷入廣東南部沿海地帶及海南島。

六　二十世紀初始遷海外。[1]

客族在廣東的分佈甚廣。他們主要分佈在下列地域：

純客家人縣份有梅縣市、興寧、五華、平遠、蕉嶺、大埔、連平、和平、龍川、紫金、仁化、始興、英德、翁源及赤溪。

非純客住縣份有南雄、曲江、樂昌、乳源、連山、陽山、惠陽、海豐、陸豐、博羅、增城、龍門、寶安、東莞、花縣、清遠、佛岡、開平、中山、番禺、從化、揭陽、饒平、信宜、潮安、河源、豐順、鶴山、徐聞、陽春、三水、臨高、陵水、廣寧、惠來、儋縣、定安、崖縣、化州、潮陽、澄邁、萬寧、新豐、羅定、台山及封川。[2]

二　客族的民風

客族自中原南遷，客居異地，開村立業，雖面對諸多困難，[3]但仍能保存其優良民風，扼要述之，有下列多點：

一　純樸保守：守禮教，重家庭及宗族觀念。
二　堅忍刻苦：男子多往外地謀生，婦女則負責農耕工作及家務。
三　崇尚忠義：秉性剛直，維護道德，忠於家國。
四　注重文教：重教育及鄉土觀念。
五　重婦德：婦女的貞節觀念濃厚，常有男女糾紛引致兩姓械鬥。
六　重武術：因本身生存所需，士紳亦習武術，村內多有更練隊的組織。
七　愛清潔：房子多靠河建築，構造符合通風採光要求；衣服清潔樸素，無生吃習慣。[4]

1　詳見羅師元一《客家源流考》中〈中華民族中客家的源流和系統〉一文。
2　同上，〈客家的分佈及其自然環境〉一文之廣東省條。
3　如水土不服、墾荒艱難，以及本地人的不友善等。
4　詳見張奮前《客家民風民俗之研究》（台北：臺經出版社，一九六〇年）之第二章〈客家的民風〉。

三 客人入遷香港新界

南宋末年，文天祥在江西抗元，客人參與甚眾。其後，文天祥於陸豐戰敗，餘部很多南逃東莞地域，在今深圳及新界北部隱居，開村立業，今泰坑及新田的文氏及衙前圍吳氏等，都是當時遷入香港境內的。[1] 元末，他們亦有參與覆元的行動。[2]

明代，香港社會經濟安定，入遷香港及其鄰近者日眾，客人遷入亦多。[3] 到了明末，滿人入關，中原且為其所據，粵東客族遂奮起抗清，東莞張家玉、新安西鄉陳文豹及李萬榮等領導抗清多年，可惜最後終究失敗。[4] 不過，從中可見其時境內客人的愛國及衞道精神。

清初，為禁沿海居民接濟台灣鄭氏的反清勢力，厲行遷海，沿海居民全被迫遷內地；香港地區的居民全部北遷內地，客人早期在香港境內的發展，被迫放棄。八年後展界，居民被許遷回濱海故土，可是遷回者少。朝廷為增加沿海地區居民，遂鼓勵粵北及閩贛各地的客族，南遷香港地區，開村立業。[5] 其時，遷海前居住香港境內的客人因已長久定居，已不自知其為客，變成反客為主，稱「本地人」，而展界及復界後遷入的客人，才稱為「客家人」。據志籍所載，復界初時，該區內共有村落一百二十七條，[6] 但自鄰近地區客族大量入遷後，村落增至三百三十六條，其中純本地人或本地人與客家人合建村莊共二百零八條，而客家村落則有一百二十八條。[7]

1 南宋末年，文天祥在陸豐抗元失敗，其弟（天）璧、從弟天瑞率族人退居深圳，其後人再遷香港新界泰坑及新田兩地。九龍衙前圍吳氏，在宋末逃抵該地，開村立業。事記兩氏族譜內。此外，據族譜所載，宋元期間，自福建遷入者有林、陳、曾、吳、黃、劉六姓人士，自江西入遷者有文、侯、陳、陶、鄧、彭、廖、鄭各姓人士，自河南遷入者有温氏，另有梁、麥、莫、黃、劉等姓族的原居地無考。上述各姓人士，大多經惠潮，首先居於深圳地域，繼而才再移入新界地區。

2 元末，東莞何真率眾保土抗元，深圳及新界地區的文、吳、鄭等姓族皆有響應：文氏佔歸德場（即今深圳沙井一帶）、吳氏據東莞場、鄭氏據西鄉、何真自領泥崗及筍崗兩地（今屬深圳市）。元至正十九年（一三五九年），何真併各部，並在新界的黎洞、林村及岑田（今錦田）等地，設立營壘，遣將分戍。明初，何真降明，受封東莞伯，香港及新界地區才歸明朝統治。詳見明代何崇祖《廬江郡何氏家記》，至正十五年（一三五五年）至十九年各條。

3 明代入遷的姓族，其可考者，自福建移入有胡、張、葉、趙及蔡等姓，自江西來者有何、徐、袁、歐陽及黎各姓，另有賴、謝、蘇三姓的原居地無考。各姓皆經惠潮、深圳，而抵新界。

4 此役，張家玉及陳文豹兵敗殉難，西鄉被屠，李萬榮率眾東走惠州，其部據新界瀝源（今沙田一帶），繼續抗清，歷十年始被困降。

5 清代，自福建入遷者有刁、丘、江、李、利、邱、馬、翁、郭、傅、温、游、鄭、謝、藍、蕭等姓族，自江西入遷者有朱、温、鍾、顧四姓，自湖北有羅氏，另有成、俞、凌、馮、鄔、楊、翟等姓的原居地無考。

6 清靳文謨《新安縣志》卷三〈地理志〉都里條之五都及六都。

7 清舒懋官《新安縣志》卷六〈輿地略〉都里條之官富司管屬村莊及官富司管屬客籍村莊。

圖 3-4 客家人生活圖

圖 3-5 客家民居：荃灣三棟屋

圖 3-6 沙頭角禾坑客家書屋

圖 3-7 港島香港圍的客家民居

四 客人在新界的發展

開村立業

同姓聚居，並與分遷鄰近地區的同姓家族結盟，以及與鄰近村莊的異姓家族定約，互助互保。如元朗十八鄉、錦田八鄉、沙田九約及大埔七約等聯盟組織。[1]

經濟發展

客人以務農為主，產品需在墟市買賣，但原有墟市皆為本地大姓所開設；[2]至清中晚葉，客人才能聯合自設墟市，[3]並於村莊內開設市場，[4]以利族人。

團結互助

除訂定鄉約外，亦有酬神、祀神的活動，使鄉人及族人能經常聚會，除娛樂慶祝、敍舊談天外，亦可互訴困苦，共謀解難。[5]

爭取科第

客人在原居地的生活困苦，來港後墾荒耕種不易，故此知道考取科第的重要。清初，新安縣僅有文武學額各二名；雍正七年（一七二九年），為鼓勵客人遷入，另增客籍學額文武各二名，[6] 這使客人有較多機會獲得科名。除此之外，客人習性勤勞，故應試較易。因此，村莊內建有很多家塾及書院，[7] 亦有在祀祖的祠堂及書室內，另設房舍，[8] 聘請名師，教育族內子弟，希望能獲得功名，光宗耀祖。

1 各鄉約的聯盟，大多以廟宇為中心，元朗十八鄉的中心為大樹下天后古廟，錦田八鄉的中心為八鄉古廟，沙田九約的中心為車公廟，大埔七約的中心為大埔墟文武二帝廟。遇有事，鄉村代表齊集廟內，向神祈求，並謀解決辦法。

2 元朗舊墟、石湖墟及大埔舊墟皆本地姓族所開設。

3 清代光緒年間（一八七五至一九〇八年），大埔馬氏與客族合組大埔七約，另設太和市，今稱大埔新墟。

4 有的村莊在其境內另設市場，如沙田的沙田市、錦田的錦田市及屏山的屏山市等。

5 各鄉在神誕時，都會隆重地舉辦慶典，並定時舉辦太平清蘸，演戲搶炮等活動。其著者，如觀音、天后神誕，盂蘭盆會，長洲的包山節，港島大坑中秋的舞火龍，以及廈村、錦田等地十年一度的太平清醮。

6 詳見清舒懋官《新安縣志》卷九〈經政〉二學制之學額數條及客籍學額條。

7 如上水鄉的應龍廖公家塾及允升家塾。書院的較著者，有錦田的二帝書院及周王二公書院。

8 祠堂及書室曾作為學堂的，著者有上水村的萬石堂廖氏宗祠、屏山坑尾村的鄧氏宗祠及屏山坑尾村的覲廷書室。

自保自衛

客人除多習武，健身自衛，以及在村內組織更練隊，巡衛鄉村外，[1]亦有於村外建築圍牆，環繞居所，以作保。[2]至清中葉，入遷的客人更在境內建築圍屋，[3]闔家自居，以防寇擾。光緒二十五年（一八九九年），英人接管新界，境內客人奮起反抗，後雖失敗，但亦顯出他們保衛土地主權的決心。[4]

五 小結

客人自中原輾轉遷入新界地域，歷數百年的發展，面對眾多困難，幾經辛苦，最後才能安定居住，開墾耕種，建村立業，歷數十代，至今人口繁眾。新界地區得以發展，其功至偉。

1 上水廖氏及屏山鄧氏都曾設立更練隊。其辦公處設於宗祠鄰近建築內；廈村鄧氏亦有設置，辦公處設於鄧氏宗祠內。

2 此等圍村較著者有錦田的吉慶圍、泰康圍、永隆圍及龍躍頭的覲龍圍。

3 圍（龍）屋較著者有沙田的山廈圍、荃灣的三棟屋及元朗凹頭的潘屋。

4 一八九八年六月，清廷與英政府簽訂《展拓香港界址專條》，租借今新界地域。翌年四月，港府派兵前往接收新界，但遇到境內居民武裝反抗；當時數千新界居民，曾與英軍接戰，一戰於大埔，再戰於林村，三戰於上村，可惜因缺乏組織，軍器落後，終為英軍所敗。

香港新界的五大族

香港新界本是輋、傜、越族聚居之地，至北宋末年，金人南侵，北方地區大多為戰火所擾，居民遂舉族南遷。及南宋末年，中原為蒙古人所佔，漢人或因不願淪為外族奴隸，或因逃避戰亂，遂輾轉南遷，遷入香港新界地域，開村立業，歷數世紀的發展，人口繁衍，有些至今已成大族。

數世紀以來，入遷新界人士甚眾，其中有譜牒可考者凡四十餘姓族，當中又以鄧、文、廖、侯、彭五姓族較著。此五姓族人口甚眾，擁有土地甚多，而且掌握地方經濟，代出名賢，在境內具有很大的影響力，因而被稱為「五大族」。

一 鄧氏

新界鄧氏，原籍江西省吉安府吉水縣白沙村，其祖漢黻公本是北宋承務郎，宦遊入粵，喜粵風俗之淳，在北宋開寶六年（九七三年），卜宅於粵的寶安岑田，[1] 立籍居住。[2] 至四世祖符公，在神宗熙寧二年（一〇六九年）登進士第，授陽春令，後來宦遊至本區，因覺風土優美，乃奉三代考妣，遷葬於此，[3] 並在圭角山（又有名桂角山、掛角山、今雞公嶺）下，創力瀛齋，建書樓，講書講學，其後更置客館書田於里附郭北門之橋，發膏火以資養四方來學之士。[4] 因此，符公乃為鄧氏遷居香港新界的始祖。

七世祖鄧銑，字元亮，南宋時為贛縣令。建炎三年（一一二九年），金人南下，銑公起兵勤王，護衞隆祐太后等於虔州，獲功勳，並在戰亂中救獲宋室皇姬，後來以之許配其子惟汲。惟汲與皇姬隱居岑田莊舍，生四子：林、杞、槐、梓。紹興間（一一三一至一一六二年），惟汲公先卒，皇姬命長子林持手書見光宗，帝追封惟汲為稅院郡馬，賜祭田六頃，以及東莞地區的山場餉渡等，四子皆封國舍。長子林之子孫居粉嶺龍躍頭，三子槐之子孫居大步頭、黎洞等地，四子梓之後人居錦田、廈村、輞井、西山、東頭、元朗、官涌、大嶼山塘福及東涌、上下高莆等地。[5]

鄧銑族兄元禎公在南宋年間自岑田遷居屏山開基，是為屏山房始祖。其後子孫繁衍，遂分建坑尾、坑頭、塘坊、新村、橋頭圍、洪屋、灰沙圍及上章圍等村。[6]

清康熙九年（一六七〇年），原居廣東省嘉應州吉梅鄉的鄧君會公，自惠州歸善遷移新安長莆，後來徙青衣立業。其七世的廷桂公，於康熙二十七年（一六八八年）遷居錦田橫台山。其後，該族後人分遷荃灣、禾塘咀及上下葵涌等地。[7]

1 岑田，即今天的錦田。錦田《鄧氏師儉堂家譜》的錦田鄉歷史篇中載：「至岑田易名為錦田之由，則因（明）萬曆十五年（一五八七年），寶安旱災，義倉盡罄，知縣邱公體乾下鄉籌賑，各處捐助，少者二數石，多者亦不過二三十石，獨洪義祖之七代孫元勳公慷慨捐穀三千石，備受褒獎。邱公見吾鄉土地膏腴，田疇如錦，遂易名錦田。」

2 同上之始祖漢黻公條。

3 清舒懋官《新安縣志》卷二十一〈人物〉三流寓之鄧符條及錦田《鄧氏師儉堂家譜》之四世祖符公條。

4 清舒懋官《新安縣志》卷四〈山水略〉之桂角山條。

5 詳見錦田《鄧氏師儉堂家譜》及鄧惠翹重修《鄧氏族譜》。

6 詳見屏山《鄧氏族譜》、屏山灰沙圍《鄧氏族譜》，以及鄧若藩編《鄧氏族譜》。

7 詳見青衣潭藍田村《鄧氏族譜》、新界橫台山《鄧氏族譜》、荃灣石圍角《鄧氏族譜》，以及上下葵涌禾塘咀《鄧氏族譜》。

圖 3-8 龍躍頭新屋村善述書室

二 文氏

新界文氏，原籍江西省永新北鄉錢市，南宋景定間（一二六〇至一二六四年），其祖天瑞公隨堂兄璧公赴惠州居住。其後，堂兄文天祥抗元兵敗被執，從容就義，天瑞公則南逃今深圳，定居三門東清後坑。[1]

天瑞公無子，堂兄璧公以三子京子入繼，[2]其後人孟常公遷居新田，遂為新田房開基祖；蔭公遷居屏山，後遷大埔洋涌村附近，其後人分遷今之泰坑。[3]

後來該族子孫繁衍，新田房則分居鄉內的蕃田村、仁壽圍、永平村、安龍村、東鎮圍、新龍村及青龍村，亦有分遷州頭及石湖圍；泰坑房則分遷祠堂村、中心圍及灰沙圍等地。

1 詳見蜀派錢市固塘《文氏泰亨始祖系譜》及新田《文氏族譜》。
2 詳見廣東寶安《文氏族譜》及寶安福永白石廈《文氏昌化家譜》。
3 詳見蜀派錢市固塘《文氏泰亨始祖系譜》及新田《文氏族譜》。

圖 3-9 大埔泰坑中心圍正門

三 廖氏

新界廖氏，原籍福建省汀州，其祖仲傑公於元朝末年，遷居新界境內，初住屯門，再遷福田，三徙雙魚境內，元至正十年（一三五〇年）定居上水。[1]

仲傑公生自玉，自玉生如圭、如璋、如璧、如興。如圭、如璋、如璧留居上水，遂分三大房；如興則遷居樟木頭，其子孫移富（烏）溪沙。[2] 上水三房子孫繁衍，遂又分遷丙崗、橫眉山、嶺下、小坑、雙魚及梧桐河兩岸。

明萬曆年間（一五七三至一六二〇年），七世祖南沙公倡言必須聚族而居，於是建立了今天的圍內村，因位於梧桐河上，故名上水鄉。[3]

至清代，該族子孫繁眾，部分遂在圍內村外建屋立村。如今該鄉有門口村、莆上村、大元村、中心村、上北村、下北村及興仁村等八村。

1 見新界上水《廖氏族譜》。

2 新界上水《廖氏族譜》之二世祖自玉公條載：「生三子，長曰如圭，次曰如漳，三曰如璧。」對如興房的分遷，未有記載。不過，新界烏溪沙《廖氏宗族譜》則記載甚詳。

3 詳見廖紹賢〈上水鄉歷史簡介〉，載《上水鄉鄉公所開幕特刊》。

四　侯氏

新界侯氏，原籍廣東省番禺。北宋時，侯五郎遷今上水地區，五傳至仲猷公，才遷居河上鄉。仲猷公生卓峯，卓峯生六子：明初，長、二、三、四子皆居河上鄉；[1]五子則遷谷田，清乾隆末年，其後人遷居金錢及燕崗，道光初年，其後人亦有分遷鳳崗。[2]仲猷公四弟仲宴公後人，在元代時開基谷豐嶺；清初，其後人再遷居丙崗。[3]

五　彭氏

新界彭氏，原籍江西宜春廬陵。北宋年間，彭延年為潮州知事，後居潮州揭陽縣浦口村。北宋末年，金人南侵，延年公六子散居各地；其五子遷居廣東東莞，開基立業，公遂為東莞彭氏始祖。

公兩傳至桂公，在南宋年間，攜子迪然居新安境內，以稼穡開基，初居龍山，後因鄧

1　見上水河上鄉《侯氏族譜》。
2　見新界金錢村《侯氏族譜》。
3　見新界丙岡《侯氏族譜》。

圖 3-10 上水河上鄉居石侯公祠

氏與其為鄰，並僭龍山地區，故該地彭氏遂徙居樓村；[1] 明萬曆年間，復徙居粉壁嶺，立圍居住。[2] 迪然公生三子，為粉嶺彭氏三大房。

其後，該族人口繁衍，遂分遷他地，開村立業。如今，在新界者共分四支：南邊村（有中心村、大益村、南邊新村）、圍內村（有分遷蕉徑彭屋、大埔汀角村、掃管埔村）、北邊村及粉嶺樓。

六 五族在新界的發展

自定居新界地區後，五族各自在境內建築圍村，以作防禦；修築祠堂、書院，用以祀祖、教育族內子弟，以及議事歡宴，並且建築廟宇。此外，又在交通中心地點，成立墟市，發展貿易。在新界設立的墟市如下：

元朗（舊）墟：清康熙八年（一六七〇年），鄧文蔚所創設。[3]

大埔（舊）墟：清康熙十一年（一六七三年），鄧祥及鄧天章所創設。[4]

石湖墟：廖氏、侯氏及鄧氏於清嘉慶（一七九六至一八二〇年）初年創設。[5]

隔圳墟：創設年代難考，為侯氏所創設。[6]

廈村墟：創設於清乾隆年間，為鄧氏所設。

五族在新界處領導地位，光緒二十五年（一八九九年），英人接管新界時，五族與鄰近家族聯合抵抗，在大埔等地區與英軍正面作戰，後來雖失敗，但可見其時五族的社會地位已經甚高。[7]

近年，五族名賢亦有參與社會工作，為族人謀利益，並助發展新界，有些更從政，位職議員或區議員，對社會及經濟的發展，甚有貢獻。

1 詳見寶安粉嶺樓《彭氏族譜》。
2 詳見新界粉壁嶺《彭氏族譜》。
3 以三、六、九為墟期。
4 亦以三、六、九為墟期。
5 以一、四、七為墟期。
6 該墟的創設，較石湖墟為早，但自石湖墟創設後，該墟的地位遂失，其後且被廢。
7 參與該事件的二十七位新界鄉紳父老中，五姓族合佔二十四席。

開埠以前香港地域家族入遷情況

香港地區的居民，大多來自中國內陸，長途跋涉，徙居不易，其南徙的原因，多由於中原變故，或在原居地無法為生。此等居民主要屬中下階層，他們南遷時，雖或有攜帶宗譜，但因寇亂及遷海，宗譜多已失散，或欠記錄。因此，部分的遷移情況，只能從其父老長者的記憶中尋找。

一 宋代入遷的家族

宋代以前，香港地區已有中原人士居住，可惜除考古所得的資料外，並無文獻典籍可考。

但至宋朝年間，中原多故，北方家族相繼南遷避亂，因而使香港地區人口驟增。其時，入遷家族可考的有下列各姓：

姓氏	原籍	遷移途徑	棲止地域及年代
林[1]	福建莆田	惠州—東莞	九龍蒲崗（北宋） 林村坑下莆（宋末）
陶[2]	江西鄱陽	廣西鬱林—廣東寶安	元朗新田（宋末）
鄧[3]	江西吉水	陽春—東莞	錦田（北宋） 大埔頭、竹村、黎洞（宋末）

1 九龍蒲崗村《林氏族譜》、大埔坑下莆《林氏族譜》、屯門《林氏族譜》、屏山石埔村《林氏族譜》。

2 屯門《陶氏族譜》、屯門《陶氏松友祖家譜》、屯門《陶氏蓮溪祖家譜》。

3 錦田《鄧氏師儉堂家譜》、粉嶺龍躍頭《鄧氏族譜》、廈村《鄧氏族譜》、《鄧元亮公宗和房家譜》、大嶼山塘福《鄧氏族譜》、荃灣石圍角《鄧氏族譜》、屯門紫田村新生村《鄧氏族譜》、元朗八鄉蓮花地、東莞縣白沙鄉坡坊《鄧氏堂上族譜》、屏山灰沙圍《鄧氏族譜》、元朗八鄉橫台山《鄧氏族譜》、粉嶺龍躍頭新屋村《鄧氏族譜》、青衣潭藍田村《鄧氏族譜》、上下葵涌禾塘咀《鄧氏族譜》、馬灣後街《鄧氏群壽家冊》、粉嶺馬尾下村《鄧氏族譜》、新界禾坑《鄧氏族譜》、香港新界《鄧氏總族譜》。

二 元代入遷的家族及香港地域家族的分遷

元代，中原人士南遷日眾，定居區內者日增。可考的有下列各姓：

姓氏	原籍	遷移途徑	棲止地域及年代
吳[1]	福建寧化	惠州—東莞	九龍城衙前圍（元末）
彭[2]	江西廬陵	潮州—東莞	粉嶺龍山（元末）
文[3]	四川成都	江西永新—惠州—深圳	大埔泰坑、新田仁壽圍（元統年間，一三三三至一三三五年）
侯[4]	廣東番禺	—	上水河上鄉（元末）
廖[5]	江西寧都	福建汀州—東莞	上水鳳水（元末）

其時，宋末定居的家族，人口日增，故有分遷鄰近地域，開基立業。

姓氏	分遷建村地點	分遷年代
鄧[6]	新界龍躍頭、屏山	元朝初年
陶[7]	新界屯門	元朝末年

1 九龍衙前圍《吳氏重修族譜》、九龍東頭村《吳氏家族譜》。

2 粉嶺《彭氏族譜》。

3 新界泰坑《文氏族譜》、新界新田《文氏族譜》。

4 上水丙崗《侯氏族譜》、上水金錢村《侯氏族譜》、上水河上鄉《侯氏族譜》。

5 上水《廖氏族譜》、烏溪沙《廖氏族譜》。

6 錦田《鄧氏師儉堂家譜》、粉嶺龍躍頭《鄧氏族譜》、廈村《鄧氏族譜》、《鄧元亮公宗和房家譜》、大嶼山塘福《鄧氏族譜》、荃灣石圍角《鄧氏族譜》、屯門紫田村新生村《鄧氏族譜》、元朗八鄉蓮花地、東莞縣白沙鄉坡坊《鄧氏堂上族譜》、屏山灰沙圍《鄧氏族譜》、元朗八鄉橫台山《鄧氏族譜》、粉嶺龍躍頭新屋村《鄧氏族譜》、青衣潭藍田村《鄧氏族譜》、上下葵涌禾塘咀《鄧氏族譜》、馬灣後街《鄧氏群壽家冊》、粉嶺馬尾下村《鄧氏族譜》、新界禾坑《鄧氏族譜》、香港新界《鄧氏總族譜》。

7 屯門《陶氏族譜》、屯門《陶氏松友祖家譜》、屯門《陶氏蓮溪祖家譜》。

三 明代入遷的家族及境內家族的分遷

明代時，香港境內經濟日漸發達，因而入遷人數大增。可考的有下列各姓：

姓氏	原籍	遷移途徑	棲止地域及年代
胡[1]	福建汀州	潮州—惠州	錦田逕口
徐[2]	江西南昌	廣州—寶安	大嶼山石壁、梅窩、新界攸田村（明末）
袁[3]	江西信豐	東莞—温塘	大埔泰坑、黎洞、大嶼山梅窩（明末）
陳[4]	福建寧化	潮州—寶安	荃灣葵涌（明中葉）
黎[5]	江西贛州	博羅—東莞	西貢大浪西灣（成化間，一四六五至一四八七年）蠔涌、塔門（明末）
謝[6]	—	南雄—東莞	大埔沙角尾（崇禎十六年，一六四三年）
温[7]	河南洛陽	新會—東莞	西貢蠔涌、北港（萬曆年間，一五七三至一六二〇年）

其時，前代遷入的家族，人口亦日漸增加，故也有分遷鄰近地域，建村立業。

姓氏	分遷建村地點	分遷年代
林[8]	屏山石埗	明朝中葉
彭[9]	粉壁嶺、北村	萬曆年間

---

1 馬鞍崗《胡氏族譜》、元朗八鄉、莆崗村、大欖涌村《胡氏歷代啟煌公祖史》。

2 大嶼山石壁圍《徐氏族譜》、大嶼山石壁圍滿喜記《徐氏家族部》、大嶼山梅窩《徐氏族譜》。

3 大嶼山梅窩《袁氏族譜》、羅湖《袁氏家譜》。

4 社山村《陳氏族譜》、西貢鹿頸村《陳氏族譜》、荃灣上葵涌村《陳氏族譜》、青衣洲《陳氏族譜》、荃灣三棟屋《陳四必堂族譜》、青衣洲鹽田角《陳氏族譜》、荃灣潁川堂《陳氏族譜》、大埔林村《陳氏族譜》、馬灣田寮村《陳氏族譜》、青衣涌尾《陳餘慶堂族譜》、元朗鳳池鄉《陳氏族譜》。

5 西貢大浪西灣《黎氏族譜》、塔門（西灣）《黎氏族譜》、西貢坑口水邊村《黎氏宗族家譜》。

6 西貢沙角尾《謝氏族譜》。

7 粉嶺龍躍頭《温氏族譜》、西貢蠔涌《温氏族譜》、西貢榕樹澳《温氏族譜》、大埔陶子《温氏族譜》、荃灣柴灣角半山村《温氏族譜》。

8 九龍蒲崗村《林氏族譜》、大埔坑下莆《林氏族譜》、屯門《林氏族譜》、屏山石埔村《林氏族譜》。

9 粉嶺《彭氏族譜》。

（續表）

姓氏	分遷建村地點	分遷年代
廖[1]	上水丙岡橫眉山、隔田龍眼園	明朝中葉
	上水圍、烏溪沙	萬曆年間
鄧[2]	元朗廈村、輞井	洪武年間（一三六七至一三九八年）
	大嶼山塘福、元朗官涌	明朝末年

四　清代入遷之客族及境內家族之分遷

清初遷海，民皆盡遷內陸，香港的村莊田宅，悉被焚棄。康熙八年（一六六九年）後始得展界，香港地區之居民遂陸續遷回；惟原來住民喪亡甚眾，且舊地荒廢多年，難於復墾，故遷回者甚少。

康熙二十三年（一六八四年），朝廷下詔鼓勵刻苦農民入遷墾殖，故廣東之東、西、韓各江流域，及閩贛二省之客籍農民，遂相繼入遷，於各處定居。今舉譜牒中所見，及考察所得錄後，以供研究。

姓氏	原籍	遷移途徑	棲止地域及年代
刁[3]	福建寧化	惠州	新界荃灣新村（清中葉）
丘[4]	福建寧化	潮州—惠州	麻雀嶺、樟樹灘、赤泥坪、沙頭角（清初）
朱[5]	江西吉水	惠州	新界竹坑老圍、石湖、鹿頸（清初）
	江西寧化	惠州	港島石塘咀、鶴咀，九龍沙挖舖、大磡（清中葉）

1 上水《廖氏族譜》、烏溪沙《廖氏族譜》。

2 錦田《鄧氏師儉堂家譜》、粉嶺龍躍頭《鄧氏族譜》、廈村《鄧氏族譜》、《鄧元亮公宗和房家譜》、大嶼山塘福《鄧氏族譜》、荃灣石圍角《鄧氏族譜》、屯門紫田村新生村《鄧氏族譜》、元朗八鄉蓮花地、東莞縣白沙鄉坡坊《鄧氏堂上族譜》、屏山灰沙圍《鄧氏族譜》、元朗八鄉橫台山《鄧氏族譜》、粉嶺龍躍頭新屋村《鄧氏族譜》、青衣潭藍田村《鄧氏族譜》、上下葵涌禾塘咀《鄧氏族譜》、馬灣後街《鄧氏群壽家冊》、粉嶺馬尾下村《鄧氏族譜》、新界禾坑《鄧氏族譜》、香港新界《鄧氏總族譜》。

3 荃灣新村《刁氏族譜》。

4 肇基堂《丘氏族譜》、麻省嶺河南堂《丘氏族譜》。

5 九龍大磡村《朱氏族譜》、西貢鹿頸《朱氏族譜》。

（續表）

姓氏	原籍	遷移途徑	棲止地域及年代
成[1]	—	潮州	新界林村、大水坑（清初） 新界孟公屋（乾隆十年，一七四五年）、榕樹澳（道光初年）
何[2]	江西寧化	潮州—惠州	大嶼山杯澳（清初）、東涌、大蠔（乾隆年間，一七三六至一七九五年），大埔三門仔 新界烏蛟騰、錦田蓮花地（康熙三十九年，一七〇〇年）
李[3]	福建上杭	潮州—惠州	新界大朗、船灣涌尾、掃管笏（清初） 新界蓮澳、深涌、塔門、亞媽笏、桔澳西澳、大嶼山、荃灣大屋圍、沙頭角南涌（乾隆年間） 新界沙田作壆坑（道光三年，一八二三年）、沙田頭（道光八年，一八二八年）
吳[4]	福建寧化	增城	新界沙頭角（清初）
邱[5]	福建寧化	潮州—惠州	新界林村梧桐寨、大埔樟樹灘（清中葉）
俞[6]	—	—	新界大埔汀角（清中葉）

（續表）

姓氏	原籍	遷移途徑	棲止地域及年代
凌[7]	—	惠州	九龍鶴佬村、圓嶺村（乾隆年間）
馬[8]	福建寧化	潮州—惠州	新界碗窰（清中葉）
翁[7]	福建莆田	潮州—惠州	新界白沙澳海下（嘉慶十六年，一八一一年）

1 西貢孟公屋《成氏族譜》、西貢大水坑《成氏族譜》。

2 大嶼山貝澳新村《何氏族譜》、大嶼山大蠔村《何氏族譜》、大嶼山東涌、杯澳《何氏族譜》、大埔三門仔《何氏族譜》。

3 廣東《李氏譜系》、新界《李氏族譜》、船灣涌尾《李氏族譜》、烏蛟騰《李氏族譜》、蓮澳村三福堂《李氏族譜》、西貢北約十四鄉輋下《李氏族譜》、屯門掃管笏《李氏族譜》、禾坑《李氏族譜》、沙頭角南涌《李氏族譜》、西貢《李氏族譜》、荃灣大屋圍《李氏族譜》。

4 九龍衙前圍《吳氏重修族譜》、九龍東頭村《吳氏家族譜》。

5 林村梧桐寨《邱氏族譜》、大埔樟樹灘《邱氏族譜》、河南堂《邱氏族譜》。

4 據大埔汀角俞氏父老所告。

5 九龍鑽石山圓嶺下村《凌氏族譜》。

6 大埔運頭角碗《馬氏族譜》。

7 西貢白沙澳《翁氏族譜》。

（續表）

姓氏	原籍	遷移途徑	棲止地域及年代
陳[1]	福建龍溪	南雄—新會—東莞	新界元朗鳳池鄉（清中葉）、林村（清末）
	江西大和	潮州—惠州	新界青衣、涌尾、鹽田角（清初）
	福建寧化	潮州—惠州	新界荃灣老屋場（乾隆二十二年，一七五七年）、三棟屋（乾隆五十一年，一七八六年）
			新界鹿頸、大埔、荃灣（乾隆年間）
			新界九龍坑、社山（清中葉）
			新界林村（清末）
張[2]	福建和平	潮州—惠州	大嶼山長沙、水口（康熙六年，一六六七年）、貝澳老圍（康熙八年），新界荃灣老圍（雍正年間，一七二三至一七三五年），大埔沙螺洞（道光年間，一八二一至一八五〇年）
郭[3]	福建上杭	潮州	大嶼山白芒（清初）
傅[4]	福建汀州	潮州—惠州	新界荃灣青快塘、深井（清中葉）
馮[5]	—	—	九龍馬頭圍、大嶼山石壁、墳貝、水口（清初）

（續表）

姓氏	原籍	遷移途徑	棲止地域及年代
温[6]	江西石城	潮州—惠州	新界大埔陶子峴、荃灣柴灣角半山村（清中葉）
	福建寧化	潮州—惠州	新界擔水坑（清初）、榕樹澳（清中葉）
黃[7]	福建寧化	潮州—惠州	新界沙田小瀝源（清初）、大水灣（乾隆三十八年，一七七三年）
	河南開封	福建—惠州	新界荔枝窩、鎖羅盤、白沙灣新村（清中葉）

1 社山村《陳氏族譜》、西貢鹿頸村《陳氏族譜》、荃灣上葵涌村《陳氏族譜》、青衣洲《陳氏族譜》、荃灣三棟屋《陳四必堂族譜》、青衣洲鹽田角《陳氏族譜》、荃灣穎川堂《陳氏族譜》、大埔林村《陳氏族譜》、馬灣田寮村《陳氏族譜》、青衣涌尾《陳餘慶堂族譜》、元朗鳳池鄉《陳氏族譜》。

2 大嶼山貝澳老圍《張氏族譜》、大嶼山螺杯澳咸田村《張氏族譜》、大埔沙螺洞《張氏族譜》、荃灣老圍《張氏族譜》。

3 大嶼山白芒《郭氏族譜》。

4 深井《傅氏族譜》、荃灣青快塘《傅氏族譜》。

5 大嶼山水口《馮氏族譜》。

6 粉嶺龍躍頭《温氏族譜》、西貢蠔涌《温氏族譜》、西貢榕樹澳《温氏族譜》、大埔陶子《温氏族譜》、荃灣柴灣角半山村《温氏族譜》。

7 沙頭角《黃氏族譜》、沙頭角鎖羅盤《黃氏族譜》、西貢白沙灣新村《黃氏族譜》、沙田小瀝源《黃氏族譜》。

（續表）

姓氏	原籍	遷移途徑	棲止地域及年代
鄒 1	—	—	大嶼山大蠔（清中葉）
楊 2	—	潮州—惠州	九龍荔枝角（乾隆二年，一七三七年）、荃灣沙咀楊屋村、油柑頭、元朗水蕉圍（清中葉）
葉 3	福建寧化	龍川—南雄—潮州—惠州—東莞	新界蓮麻坑（康熙四十九年，一七一〇年）、荃灣青快塘（乾隆十年）
翟 4	—	東莞	九龍馬頭圍（清中葉）
鄭 5	福建永安	潮州—惠州	新界荃灣城門圍（康熙十九年，一六八〇年）、元朗大井圍（清初）
鄧 6	福建寧化	潮州—惠州	新界青衣藍田（康熙九年，一六七〇年）、橫台山（康熙二十七年）、荃灣、禾坑、馬尾下（清初）
			葵涌禾塘咀（道光年間）、馬灣、下葵涌（清中葉）、荃灣海壩（民初）
鍾 7	江西贛州	南雄—東莞	新界屯門廣田圍（清初）、林村、大嶼山石壁、梅窩（清中葉）
		潮州—惠州	新界林村坪朗、大腌山（康熙四十八年，一七〇九年）、田寮下、坪山（雍正年間）、元朗大旗嶺、西貢鰂魚灣、玉竹山（乾隆年間）、荃灣海壩村（道光年間）
藍 8	福建福清	潮州—惠州	新界東和墟鹿頸圍（清初）
羅 9	湖北襄陽	潮州—惠州	新界八鄉橫台山（清初）
顧 10	江南無錫	新興—新會	香港仔鴨脷洲（光緒年間，一八七五至一九〇八年）

1 大嶼山梅窩大蠔村《鄒氏族譜》。

2 荃灣楊屋村《楊紹金祖族譜》、荃灣油柑頭《楊氏族譜》。

3 沙頭角蓮麻坑《葉氏族譜》、荃灣海壩村《葉氏譜系表》。

4 馬頭圍《翟氏族譜》。

5 《鄭氏歷代源流族譜》、荃灣城門大圍《鄭氏族譜》。

6 錦田《鄧氏師儉堂家譜》、粉嶺龍躍頭《鄧氏族譜》、廈村《鄧氏族譜》、《鄧元亮公宗和房家譜》、大嶼山塘福《鄧氏族譜》、荃灣石圍角《鄧氏族譜》、屯門紫田村新生村《鄧氏族譜》、元朗八鄉蓮花地、東莞縣白沙鄉坡坊《鄧氏堂上族譜》、屏山灰沙圍《鄧氏族譜》、元朗八鄉橫台山《鄧氏族譜》、粉嶺龍躍頭新屋村《鄧氏族譜》、青衣潭藍田村《鄧氏族譜》、上下葵涌禾塘咀《鄧氏族譜》、馬灣後街《鄧氏壽家冊》、粉嶺馬尾下村《鄧氏族譜》、新界禾坑《鄧氏族譜》、香港新界《鄧氏總族譜》。

7 元朗大旗嶺穎川堂《鍾氏族譜》、大埔林村坪朗穎川堂《鍾氏族譜》、大埔大崦山村堂《鍾氏族譜》、荃灣海壩村《鍾氏族譜》、屯門鍾屋村《鍾氏族譜》、西貢玉竹山《鍾氏族譜》、西貢魷魚灣《鍾氏族譜》、西貢魷魚灣、海豐羅鞏《鍾氏族譜》。

8 塔門廣東陽春《藍氏族譜合編》。

9 錦田羅屋村《羅氏族譜》。

10 香港仔《顧氏族譜》。

復界後，部分深圳及香港地區之前代居民，相繼遷回故土，重建家園。其後人口日增，遂亦有分遷鄰近地域，開村立業。可考者，有後列各姓族。

姓氏	分遷建村地點	分遷年代
林[1]	新界元朗祠堂村	清朝初年
侯[2]	新界丙岡	清朝初年
	新界金錢、燕崗	乾隆年間
	新界鳳岡	道光年間
胡[3]	新界馬鞍崗	康熙年間（一六六二至一七二二年）
	新界元朗八鄉、大欖涌、九龍莆崗	清朝中葉
徐[4]	大嶼山梅窩草朗尾	乾隆二十三年（一七三九年）
陶[5]	新界屯門黃崗圍、麥園圍、屯紫圍、永安、大園	乾隆年間
	新界屏山、水邊圍、水邊村、沙江圍、白沙村	清朝中葉

（續表）

姓氏	分遷建村地點	分遷年代
彭[6]	新界粉嶺圍、掃桿埔	清朝初年
曾[7]	新界上麻嶺、大嶼山梅窩鹿地塘	清朝中葉
	新界荃灣九華徑	清朝末年
温[8]	新界龍躍頭	清朝初年
黃[9]	香港長洲	乾隆年間

1 九龍蒲崗村《林氏族譜》、大埔坑下莆《林氏族譜》、屯門《林氏族譜》、屏山石埔村《林氏族譜》。
2 上水丙崗《侯氏族譜》、上水金錢村《侯氏族譜》、上水河上鄉《侯氏族譜》。
3 馬鞍崗《胡氏族譜》，元朗八鄉、莆崗村、大欖涌村《胡氏歷代啟煌公祖史》。
4 大嶼山石壁圍《徐氏族譜》、大嶼山石壁圍滿喜記《徐氏家族部》、大嶼山梅窩《徐氏族譜》。
5 屯門《陶氏族譜》、屯門《陶氏松友祖家譜》、屯門《陶氏蓮溪祖家譜》。
6 粉嶺《彭氏族譜》。
7 武城《曾氏族譜》、番禺小龍《曾氏族譜》、寶安沙井新橋《曾氏族譜》。
8 粉嶺龍躍頭《温氏族譜》、西貢蠔涌《温氏族譜》、西貢榕樹澳《温氏族譜》、大埔陶子《温氏族譜》、荃灣柴灣角半山村《温氏族譜》。
9 東粵寶安《黃氏族譜》。

（續表）

姓氏	分遷建村地點	分遷年代
趙[1]	新界元朗、新田	清朝初年
廖[2]	大嶼山	清朝初年
鄭[3]	新界元朗牛徑	清朝中葉
黎[4]	新界大浪西灣、坭滘	清朝初年
	港島筲箕灣	清朝中葉
劉[5]	新界粉嶺、沙田大圍、蠔涌、粉嶺禾坑	清朝初年
	新界吉澳新圍仔、大埔舊墟	乾隆年間
	新界馬尾下簡頭村、學藪圍、茅田仔、蓮麻坑、徑肚、禾徑山、大環頭（富合灣）、屯門小坑白沙圍、九龍元嶺村	清朝中葉
鄧[6]	新界屯門紫田村、新生村	清朝末年
蘇[7]	九龍長沙灣茅田村	乾隆四年（一七三九年）

1 新田《趙氏族譜》、清溪《趙氏族譜》。

2 上水《廖氏族譜》、烏溪沙《廖氏族譜》。

3 《鄭氏歷代源流族譜》、荃灣城門大圍《鄭氏族譜》。

4 西貢大浪西灣《黎氏族譜》、塔門（西灣）《黎氏族譜》、西貢坑口水邊村《黎氏宗族家譜》。

5 粉嶺馬尾下簡頭村《劉氏族譜》、吉澳《劉氏族譜》、西貢大環頭《劉氏族譜》。

6 錦田《鄧氏師儉堂家譜》，粉嶺龍躍頭《鄧氏族譜》，廈村《鄧氏族譜》、《鄧元亮公宗和房家譜》、大嶼山塘福《鄧氏族譜》，荃灣石圍角《鄧氏族譜》，屯門紫田村新生村《鄧氏族譜》，元朗八鄉蓮花地、東莞縣白沙鄉坡坊《鄧氏堂上族譜》，屏山灰沙圍《鄧氏族譜》，元朗八鄉橫台山《鄧氏族譜》，粉嶺龍躍頭新屋村《鄧氏族譜》，青衣潭藍田村《鄧氏族譜》，上下葵涌禾塘咀《鄧氏族譜》，馬灣後街《鄧氏壽家冊》，粉嶺馬尾下村《鄧氏族譜》，新界禾坑《鄧氏族譜》，香港新界《鄧氏總族譜》。

7 九龍長沙灣《蘇氏族譜》。

五 小結

香港地區本為畬、傜、越等土著聚居之所，唐宋以來，北方家族始見遷入，宋亡後，南人避居區內者日眾，歷元、明、清三朝，北方家族遷入者日增，因致該區之發展。

清初遷海，居民遷離港深地域，其後復界，遷回者較少，故有鄰近地區之居民遷入，當中以客籍人士較眾，此等客族頗能刻苦，故在區內得以建村立業，開墾耕種。其初，因利益關係，主客兩族未能合作發展，故時有爭鬥。其後，歷數代，主客已能相安發展，且有通婚、聯盟，共拒外敵。

如今新界地區之得以發展，主客兩族合作之功，實為至要。

第四章
香港古代的經濟特產

海鹽
珍珠
香木
蠔
漁農

海鹽

香港濱海地域及沿岸的海島，多潮墩（海濱地高者）及草蕩（海濱之地低者），自古已為重要出產海鹽之地。漢武帝時實施鹽鐵官營之制，於番禺設鹽官，督管海鹽的生產及買賣。香港新界西自新田至屯門等地，東自沙頭角以至九龍灣沿岸各地，當時皆由番禺縣轄管，政府並在此地聚眾煮鹽。

三國吳甘露二年（二六六年），置司鹽都尉，督管珠江口東部的鹽場，名東官場，意為東方鹽官管理的鹽場。晉初仍置司鹽都尉，鹽課司署位今寶安縣南頭城外。唐代仍沿襲此制度。

趙宋初年，在今九龍灣西北岸設海南鹽場，名海南柵，並以摧鋒水軍屯衛；南宋初，在其東部置官富場，差官專營。

明代時，香港區域仍以產鹽著稱。當時，政府特將專以煮鹽為業的列為竈戶，其鹽稅則分竈田、池漏、竈丁與戶口四類。新安縣境內分設東莞、歸德、黃田、官富四鹽場，各設鹽場大使一員，月支米三石，歸廣東鹽課提舉司轄管。當時，位香港區內者，有官富場，鹽產皆由大鵬灣經梧桐山而運至廣州；今日沙頭角長山古寺附近有一小徑，可行越梧桐山直至華界，此小徑可能即前代鹽運古道之一。

清康熙元年（一六六二年）厲行堅壁清野政策，遷閩、粵等省沿海五十里居民入內陸，防止與鄭成功接觸，時稱遷海，亦曰遷界。香港、九龍及新界等地皆在沿海五十里範圍內，故當中居民，包括以煮鹽為業的竈戶，被遷殆盡，鹽田皆被荒廢。康熙八年（一六六九年）展界，陸上地區居民陸續遷回，惟海禁令仍未廢除，船隻不能出海；至康熙二十二年（一六八三年），海禁令撤，船隻才可出洋，沿海島嶼的居民始得遷回。

香港一帶之鹽業，受遷海影響而衰落。遷海之前江西等地向來依賴粵鹽作食用，遷海期間，因運鹽之路受阻，江西等地居民改食淮鹽。展界初期，舊有竈戶遷回甚少，雖經政府努力招復，但入遷墾荒者多不習煮鹽，致令區內的鹽業未能重新興起。

乾隆二十一年（一七五六年）裁歸德場大使，其業務併入東莞場；乾隆五十四年（一七八九年），以東莞竈戶日漸減少，鹽課微薄，無再設鹽官的必要，故亦撤消東莞場大使。

其後，九龍屯門及大嶼山大澳等地，仍有鹽田，但產量與品質，則已不如前期所出產者。

煮鹽之法有三：

一、築堤成鹽田，引海水入田內，候日蒸曬，半日曬出鹽霜，掃起煎煉。

二、於鹽田內置草蓆，引海水浸之，曬乾後，掃出鹽霜煎煉。

三、於海潮深處掘深坑，上架竹本，繼鋪蓆葦於日其上，於蓆葦上鋪沙，潮漲，鹽水由沙滲下坑中，撤去沙葦，取坑內鹽水煎煉。

此等方法，今日大嶼山大澳濱海地區，及深圳東部鹽田至大鵬半島一帶之居民，仍有採用，但所獲的海鹽，多只留為己用。

圖 4-1 一九六〇年代大嶼山大澳的鹽田

珍珠

香港南部南中國海的西沙群島，為珊瑚礁所組成，利於繁殖海蚌；該處朝水北湧，海蚌隨之移植，故本區海域，成為海蚌麕集之所，而為採珠重要地帶。此類海蚌，廣東人稱為螺，種類甚多，較著名的，有沙螺、丫螺、田螺、潺螺、香螺、刀蛸螺、指甲螺、鸚鵡螺、珍珠螺、九孔螺、青口螺、朱仔螺、石蝎螺、寄生螺等，惟丫螺與珍珠螺的內壁，常含育圓潤珍珠，為仕女所喜愛的飾物；其體積較小者，則賣與藥材店舖，供藥用珍珠；故採蚌剖珠，及販賣珠飾，為一重要行業。

香港採珠業的發展，最早可追溯至五代南漢期間。當時，在今日大埔海至大嶼山一帶沿海地帶，皆為重要的採珠場所，古稱媚川池，南漢後主劉鋹曾在此地設置媚川都，派兵二千餘駐守，並招募專戶採珠。這些專戶以採珠為業，工作時皆令以石硾足，蹲身入海，沉水而下，有至五百尺深者；故在當時，因咽溺而死者甚眾。

趙宋初年，以採珠害民蠹國，便下詔廢媚川都，將少壯兵勇者編入靜江軍，老弱者則回原籍，並禁民以採珠為業。其後時營時禁。

元代時，今日元朗西部后海灣、西貢半島北岸青螺角及荔枝莊、元朗橫川濱海地域，皆產丫（鵶）螺珍珠。當時朝廷曾下詔採珠，官家給餉蜑戶，使三年一次於該地採珠，且署廣州採珠都提舉司主理其事；後來以採珠擾民，時加罷採。

明初，香港一帶舊有珠蚌幾乎已被前代採盡，新蚌又不能在短期內繁殖長成，故以產量少、收成差，而下罷採令。其後雖時營時罷，但採珠業的集中地已轉移至廣東的雷州及廉州兩地，而大埔海的採珠業已較兩地為遜。

清代，香港地區的採珠業亦大不如前代，朝廷對此亦不重視。英屬後，香港政府對採珠業亦未重視，蜑民得以自由撈採，但成績亦不大好，採珠業遂日漸零落。

如今，香港地區已無居民以採珠為專業，只剩下吉澳洲一帶曾有新興人工養珠場，但產量不多，體亦較小，多作藥用。

珍珠的醫療效用，據《古今圖書集成》醫部所引各書之記載，為鎮心、點目、去膚障膜，塗面令人潤澤，塗手足去皮膚逆臚，棉裹塞耳治耳聾。磨聲墜痰。除面斑，止洩；合知母，療煩消渴；合左纏根，治小兒麩豆瘡入眼。除小兒驚熱。安魂魄，止遺精、白濁，解痘疔毒，治難產，下死胎胞衣。

除此之外，部分海螺如田螺、九孔螺、馬頰柱、香螺及青口螺等可作食用。九孔螺又名石蝮，殼有九孔，謂之石決明，邊殼邊肉，肉粘石上，間亦產珠，俗稱鮑魚。馬頰柱又名帶子，味甘。香螺俗稱響螺，味清香可口。

香木

香港九龍及新界各山嶺、斜坡，土質多極磽确，砂土多作硃砂粒狀，不宜種植五穀及果樹，而宜種植香樹，這種香樹自越南傳入，通稱莞香。唐代時廣東南路已有種植，稱蜜香樹，亦稱棧香。宋時棧香之種植，以海南島為最著名。明代，東莞、新安及香港區內的山地，因土質適宜香樹之生長，所出產的香品亦較其他地方所種者為佳，稱為莞香。

這種香樹，樹幹似柜柳，花白而繁，葉如橘。其根幹枝節不同，木心與節，堅墨沉水者為沉香；與水面平者為雞骨香；其根為黃熟香，其幹為棧香；細枝緊實未爛者為香桂香；根節輕而大者為馬蹄香；其花不香，盛實乃香，為雞舌香。

本港區內所生產的香樹，以瀝源堡及沙螺灣兩地為最佳，在明代尤為著名。所生產的香木，多是由九龍尖沙頭草排村的香埗頭，載往香港仔石排灣東端個小港灣，再以艚船運赴廣州，繼而由陸路北上，經南雄，越梅嶺，沿贛江而至九江，再到江浙的蘇松等地發售。這條路線是昔日廣州與長江下游之間的交通要道，雖然並非最快捷，但沿途安全，且香品於經過梅嶺之北，遇霜風時，會更見芳郁，故商旅常選擇這條路線。

種香最重要的條件，是辨別土質、適當種植方法，及良好的鑿香技術。香的名目頗多，價值亦各不同；較著名的，有黃紋黑滲、生結、馬尾滲、黃熟及女兒香等品色，其中以女兒香尤為文士所樂道。本港所出產的女兒香，多用於祀神。

香的質素好壞，視乎種香的技術，長成後，每年可割鑿兩次，首次在三月，第二次約在九、十月間。鑿香為種香者的一項重要工作，以前本由香師主持其事，其後由種香者自己負責。所獲得的香，外黃而內黑的，名黃紋黑滲；鬃紋交紐，或表面滲黑線，或黑圈斑駁，或作純黃色者，皆都稱為生結；色黑質堅而紋理密的，為馬尾滲；色黑而無黑紋者為黃熟。至於稱為女兒香的，有兩個定義：一是因香紋秀嫩如女子之手；另一則因香農以香為業，凡開鑿所得，其女兒先擇上品的收藏自用，名女兒香，故此時人爭以高價購買。

清康熙元年至二十三年（一六六二至一六八四年），清廷執行沿海遷界三十里至五十里之政策，香港及新安、東莞之沿海地區居民，皆被迫遷回內陸，不遷者被屠戮，區內種香人家皆放棄家園，轉居他鄉，香木種植因而中衰。復界後，種香者遷回原地的不多，業遂未能復振。雍正年間，東莞有承旨求購異香，縣令杖殺里役，迫令交出異香，種香者恐受迫害，殺盡禿香樹而遷去。自此，於香港及鄰近地區的莞香種植，遂一蹶不振。

如今，新界大埔林村、粉嶺崇謙堂村、沙田馬料水村，及港島香港大學附近蓄水塘旁等處，仍有野生香木；其中有一種名叫香膠樹，亦稱校樹，樹皮脆而有膠，與樹幹可舂為香粉，搓製線香，用以祀神；但其氣味較濁，不能與莞香媲美。

蠔

香港新界西北邊緣，面臨后海灣，自北邊的沙橋開始，經流浮山墟，至南邊的白泥鄉、稔灣鄉等沿海海灣，都是著名的養蠔之地。該處所出產的蠔，自古已甚為著名。該區海底沙泥混雜，近岸地區水深只得數呎，且有珠江、深圳河等的淡水流入，沖淡海水，故適宜養蠔。

蠔即牡蠣（獷），初生海邊，石形如拳，後四面漸長，高一二丈者，多巉岩如山。土人分地種之，曰蠔田。養殖方法有二種：

一、將石頭燒紅，投入海中，蠔即會生於石上。

二、將蠔殼投入海中，幼蠔即會寄生其內。

所養殖的，一房一肉，潮漲房自開，潮退房合以自固，土人取房內肉作食用；肉質甘美，曬乾便成為蠔豉。

蠔殼可以砌牆，或焚煉成蠣灰，修補船隻的縫隙，亦可用作黏砌屋牆。據近年考古發掘所得，香港地區出土的灰窰遺址，共二十九處，多位於濱海沙灘上。

圖 4-2 一九六〇年代新界西北后海灣的蠔田

一、大嶼山：二浪、大浪、蟹地灣、杯澳、九嶺涌、石壁、東北部三海灣、長沙欄、狗虱灣、塘福、散石灣、萬角咀、沙螺灣等十五處。

二、南丫島：鬚城、深灣、大灣、模達灣等四處。

三、香港島：坎灣、沙灣、鴨脷洲等三處。

四、離島：長洲大鬼灣、赤鱲角、馬灣、蒲台島等四處。

五、新界：青山石角咀、葵涌醉酒灣、元朗新圍等三處。

這些灰窰的建造年代，有早至唐宋期間，可見焚煉蠣灰之業，在香港地區之起源甚早。蠔業歷明、清兩朝仍甚發達。近年，香港地區仍有人工殖蠔，方法是以約重九磅的石板，在近岸海牀處排列成行，幼蠔即寄生石上，其殼重疊成柱狀，稱為「野柱」，但要殖養三年許，才能長成而供食用。此類蠔田（亦稱蠔塘），以元朗流浮山鄉為中心，都屬於廈村鄧氏友恭堂產業，其中以裕和塘為最大。

漁農

蜑民居住於香港沿海地域，已有相當悠久之歷史，按說是東晉盧循及其所部之遺種。東晉末葉，孫恩、盧循在長江下游與福建等地作亂。元興二年（四〇三年），晉將軍劉裕討伐盧循，盧循敗走番禺，後投水而死，其部眾多退居今日大嶼山一帶，名盧亭，亦稱盧餘。他們多居住在水上，世代以舟楫為家，捕獵海中生物為業。明代時，這些蜑民在海上航行的船隻，有烏艚及白艚兩種：烏艚船身髹黑，以運載食鹽為主；白艚船身髹白，用以捕魚或運載貨物。

本港沿海水域，盛產魚介及海藻、昆布等物，可供食用。魚類中較著名的，有鯧魚（又名鏡魚，有黑白二種）、黃花魚（色白者名白花，細小者名黃花，其膠甚美）、石斑魚、鯖魚（有紅白二種）、鱸魚、鱲魚（白牙、黃腳、赤鱲、黑鱲四種）、貼沙魚（又名鰈）、青衣魚及鰻鱔魚。此外，蟹、蝦、水母（海蜇）、海膽等都是當時漁民之主要漁穫。

陸上居民多聚居在平原及谷地，尤以錦田盆地、元朗平原、粉嶺上水盆地，以及屯門、林村、大欖涌城門等谷地為多，以農耕為業。其後入遷的客籍人士，亦以農耕為業。

加以香港地區氣候適宜，故盛產穀類及菜果，皆可供食用；故民生安裕。

區內所生產的穀類，以稻米為主，每年兩造。菜蔬四時皆有：春天有芥蘭、莙薘、生菜、青蒜、菜心等；夏則莧菜、豆角、蕹菜、涼瓜、節瓜等；秋冬則白菜、芥菜、蘿蔔、冬瓜、生薑等。時果方面，則有荔枝、龍眼、沙梨、橘、柚橘、橙子、黃皮、西瓜、菠蘿、落花生、油柑子及甘蔗等。

山上除花、草、木、竹、藤等野生植物外，亦盛產茶，尤以杯渡山上的蒙山茶、鳳凰山上的鳳凰茶、擔竿山上的擔竿茶及竹仔林的清明茶為著。

上述漁農物產，邑志亦有記載，可見其在明清兩朝已甚為重要。直到如今，這些物產仍然是香港地區的重要出產。供人日常之用。

圖 4-3 一九八〇年代的大澳艇戶及吊腳樓

第五章 香港古代的文物遺蹟

炮台與寨城

圍村與圍屋

古刹

廟宇

祠堂

古塔

摩崖石刻

炮台與寨城

香港地區歷史悠久，早在石器時代已有人居住，中原人士在宋末相繼入遷，至明代已相當發達，可惜在清初遷海期間，居民遷回內陸，致令區內文物一處荒棄，其後於復界後遷回，重建家園。故今所見的前代文物，只餘下屬於前清時代者。

清代香港地區屬新安縣治，為通西洋諸國的重要港口，故於清初曾建炮台多座以作守衞；其後，至道光年間，西人東來的威脅日增，朝廷遂於香港區內添設寨城，派將駐守，保衞海疆，抗拒外敵。至今仍能考的，有大嶼山西南端雞翼角炮台，東龍島南堂角佛堂門炮台，大嶼山東涌石獅腳炮台，東涌寨城及九龍寨城。

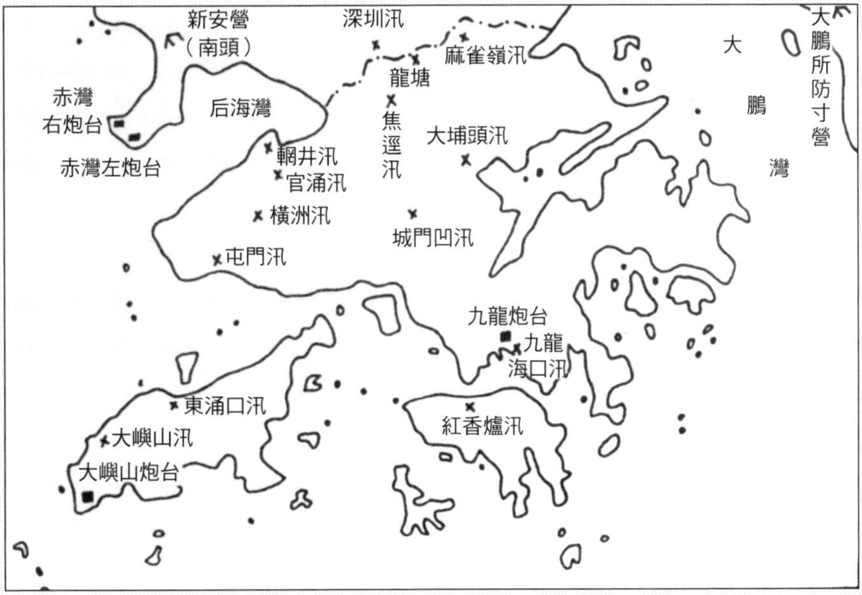

圖 5-1 道光初年香港之汛營塘房墩台及炮台位置圖

一 雞翼角炮台

位於大嶼山西南端的雞翼角上。雞翼角本名分流角，因其形如雞翼，故名雞翼角。炮台位於山巔，形如方城，長一百五十五呎，闊七十呎，牆厚三呎至七呎不等，高約十呎，南面圍牆較北面為高，建築材料為該區盛產的花崗岩，及以沙石混凝而成的灰磚；一門朝東，闊約五呎，門頂有石板，上有杉眼七個，用以上杉關門者；門內左邊有石級，供守炮者登台遠眺。該炮台建於康熙末年，屬大鵬營轄下的訊號炮台，安炮八位，營房二十間。至鴉片戰爭後，該炮台開始被棄用。如今，則已重修，供人遊覽。

圖 5-2 雞翼角炮台一景

二 佛堂門炮台

位於東龍島南堂角上，作長方形，長三十四米，闊二十三米，牆厚三至七米不等，高約五米，東面圍牆較西面為高，建築材料為花崗岩，及以沙石混凝而成的灰磚，一門向西，門頂作拱形，東面圍牆旁有闊約一米的石階，供守軍登台遠眺用。該炮台建於康熙末年，屬大鵬營轄下的訊號炮台，安炮八位，營房十五間。至嘉慶十五年（一八一〇年），因年久失修而且孤懸海外，距大鵬營及九龍汛頗遠，島上又無村落民居，可互相捍衛，故將炮台放棄，炮台移設九龍寨海旁。近年，炮台經已重修，供人憑弔。

圖 5-3 佛堂門炮台遺址

三 石獅腳炮台

位於大嶼山東涌碼頭東首小山山麓，規模今已難考；據《廣東通志》中載：炮台共兩座，兵房七間，火藥局一間，建於嘉慶二十二年（一八一七年），牆為花崗岩石塊砌成。如今只剩下東面及北面兩護牆；據當地土人告知，當年馬灣涌橋崩圮，地塘仔僧人曾在此堡壘取石，修築馬灣涌橋，名為彌勒橋，今天所餘下的兩面護牆，疑為石獅腳兩座炮台之一，而另一炮台的位置，則已不能復睹。

圖 5-4 東涌石獅腳炮台遺址

四 東涌寨城

位於大嶼山東涌上下嶺皮村之間，緊貼石獅山南麓，呈正方形，長二百五十呎，深二百六十五呎，主牆厚約十五呎，高約十呎，以花崗岩石塊疊成，石塊為對岸赤鱲角海島出產。城闢三門：東門「接秀」，正門「拱宸」，西門「聯庚」；正門外築石階，通城外。該寨城建於道光十二年（一八三二年），當時因英人東來的威脅日增，大鵬營實力又不足保衞香港西部地域，因被提升為協，下分兩營，左營仍轄東部地域，守府位大鵬所城，右營轄兩部地域，守府位於東涌寨城。城內舊有建築多已不存，只餘下兵房兩間，現為東涌鄉事委員會會址：主牆上有古炮六門：左垣兩門，右垣四門，從炮身上鑄文，可知是清嘉慶及道光年間（十九世紀初）之物，這些大炮原非安裝寨城上，因寨城離海岸約一千二百碼，但當時的土炮當無此射程，若用以守衞護區水路，則當置於濱海之地，不宜設於內陸，且古炮的後座力甚強，牆垣只闊約十五呎，不足其於發射時後坐之闊距，故可能是從附近各處移置寨城上，以作紀念。

圖 5-5 東涌寨城主牆

五 九龍寨城

又稱九龍城寨，在九龍香港國際機場北部，呈長方形，長一百三十碼，闊二百四十碼，牆厚五呎至一丈，高約一丈；分東南西北四門，門高丈許，闊八尺，深二丈餘，頂作半月形，正設鐵閘，正門為南門，石額陽刻「九龍寨城」；門前有小河，名龍河，上有石橋橫跨，橋長數丈，直伸至海邊，官兵可自灣畔直入城內；北牆外另有城牆兩堵，成「人」字形，直伸白鶴山頂，兩牆各長約三百二十碼，高約一丈，厚約五尺。該寨城始建於道光二十三年（一八四三年），道光二十七年（一八四七年）竣工，其時因港島已割讓英人，九龍一地的軍事地位更為重要，為增強九龍一地對香港英軍之防禦計，便築此寨城，並移大鵬協守府於此，以後管理東部防禦事宜。一八九九年，英軍接收新界，元朗、錦田等地的鄉民奮起反抗，英政府認為清廷官方協助不力，便據條約上有關九龍寨城主權問題之附帶說明，在這年五月十六日，將城內清朝官員逐出，該城遂轉為民居。如今，城內只餘下當年巡檢衙門一座，現為中華傳道會恩光園，及嘉慶七年（一八〇二年）鑄造的古炮兩門。

如今，上述台寨仍存，雞翼角炮台、佛堂門炮台及東涌寨城皆已修復，供人遊覽，石獅炮台中的一座亦已發現，政府現正計劃修復，但惟九龍寨城的城牆，早於日治期間已被拆卸，今寨城亦已被清拆，闢建成公園。

圖 5-6 一九八〇年代九龍城寨鳥瞰

圍村與圍屋

香港新界地區位處粵東南，除原居土著外，北方遷入建村立業者亦甚多。至明代時，沿海寇患頻繁，雖有汛營、墩台之設，但兵力仍不足保土安民，居民為求自保，便於房舍四周築矮石牆，以保生命財產，並作抗盜之用。這些建設雖甚簡陋，但已是當時居民唯一自保的設施。

其後，清人入關，於順治十八年（一六六一年）以沿海居民與鄭成功之交通接濟，故採取堅壁清野的遷海政策，居民被迫遷回內陸。本港新界地區地處被遷界內，故當時區內的村莊田宅全被焚棄，居民內遷，城堡、台寨盡行拆毀，駐兵撤回；並在內地劃界，築垣備禦；且頒海禁條例，禁民留居。造成沿海空虛，遂為海寇所乘，致令一些離島淪為寇穴。

清康熙八年（一六六九年），沿海展界，以海邊為界，遷民始得以重回舊地，復建家園。時沿海盜賊為禍甚烈，朝廷為安民計，便在沿海添營汛，派兵駐守，保持海邊地區的安寧。其時，區內居民有感於沿海駐守實力不足以平寇安民，為求自保，便於村莊四周建高圍牆，挖深護河，安鐵鑄閘門，以保生命財產。這些即是本港新界所見之圍村。

圖 5-7 錦田吉慶圍（一）

圖 5-8 錦田吉慶圍（二）

當時的圍村多呈方形，四面有圍牆環繞，牆基以石疊砌，牆身以青磚疊成，高數米。正門上有門樓，大門上裝閘門，一般為木閘門，經濟較優者會裝有連環鐵閘門。四角築有更樓，俗稱炮樓，供守望者站崗遠眺用。圍內房舍整齊排列，自正門至村尾為一大街，闊約二米，盡處為神廳；房舍分排大街兩旁，中有小巷分隔。圍外有護河環繞，正門外有橋，與外連接；但一些規模較少的圍村，則無護河，而在牆外廣植竹林荊棘，以阻賊寇之進犯。

這些圍村多集中於屯門、元朗、屏山、廈村、錦田、龍躍頭、大埔、上水及沙田等地，地域多為農業區，而且位於新界北部，與當時的縣城較接近，經濟狀況較佳，故常遭寇盜劫掠；而駐守區內的汛兵數目又甚少，不足守土安民，因此區內居民多建圍以自衛。

清中葉以後，客家人遷入新界居住日漸增加，這些新移民多居於原住民毗鄰，另立新村，但是常受鄰村的侵迫，為求自保，故此多將自住的房連接成排，並以房屋排列如牆，包圍村中橫屋，以作防衛用。這種建築與客家人原地的圍屋相同，但與本地原有的圍村有別。

這類客藉圍屋亦呈方形，四周以橫屋排列如圍牆，各屋皆以青磚砌成，主要部分為中軸之前、中後三廳，及其左右橫屋，廳與廳之間為天階，前廳各用以安放雜物，中廳為客廳，亦作議事廳用，後廳為祖祠，專以祀祖。各廳左右橫屋為連接成排的住屋，前廳出口為全村大門，各橫屋設有獨立門戶，內有巷分隔。村前廣場俗稱禾坪，供曬穀或村民休憩之用。此類圍屋，以荃灣三棟屋為最著名。

清代後期，入遷的客家人士仍多，且亦有建圍屋，最著名的，有沙田的山廈圍，俗稱曾大屋。該圍屋為一方形堡壘式建築，四面圍牆環繞，牆基及牆身均以青磚疊成，高數米，正門上裝連環鐵閘門，上有門樓，可登圍牆上，圍牆四角築有炮樓，上有銃眼，供守衞者巡守用；正面圍牆上亦有銃眼，供守衞向外射擊敵人用；炮樓銃眼為長方形，圍牆者則作鎖匙孔形，皆為麻石包鑲；圍牆下為屋舍。圍屋主要部分為中軸之前、中、後三廳，各廳中間為天階所隔；前廳出口為全圍屋正門，門以鐵鑄造，上部由鐵枝扭花所成，下鑲鐵板。前廳用以安放雜物，中廳為正廳，用作會客，亦作議事廳用，後廳為祖堂。正門左右另有側門兩個，皆裝木門。各廳左右橫屋為連接成排的住屋，每排有屋九間，共五十四間。圍內有水井供居民用。圍牆外有護河環繞，外有木橋與外連結；護河今已填平，昔日河前農地亦已改作網球場。此類圍屋在新界只得一所，但在今日廣東地惠陽坪山區，則仍存多座，其中的「龍田世居」，其形制與山廈圍相同。

清末，在新界建築的客籍圍屋，則只有上水松柏塱的客家圍。該圍屋由兩排青磚建造的房舍組成，共二十餘間，中有小巷分隔。前排房舍中有一祠堂，堂前空地，可供曬穀休憩之用。後排房舍背後有數間小屋，供貯存雜物用。圍屋盡頭有一更樓，高三層，是遇寇盜時村民退避之所。該圍護牆高一米餘，為泥土所堆成，牆頗薄，估計應不是作防禦用。正門無門樓，外有兩度風水牆，拱衞入口處。牆外並無護河環繞。

上述各期所建的圍村及圍屋，雖歷時甚久，但部分仍能保存原貌，可供遊賞。

圖 5-9 一九七〇年代的沙田山廈圍外貌

圖 5-10 山廈圍正門的鐵門

圖 5-11 山廈圍內一景

古剎

香港新界現有寺院、蓮社、精舍頗多，而歷史較為悠久的，則有屯門青山的杯渡寺（現青山禪院之所在地）、元朗廈村的靈渡寺、錦田觀音山的凌雲寺、粉嶺坪峯的長山寺、大嶼山鹿湖的純陽仙院，以及大嶼山薑山的蓬瀛古洞。

一 屯門青山的杯渡寺

據大光法師所說，東晉隆安年間（三九七至四〇一年間），有一名叫道朗的僧人，遊化南越，會耆域、杯渡二神僧至，與共遊，並建普渡寺，示佛法普渡眾生之意，寺的所在地，以曾有神僧駐錫之故，後人便改其名為聖山，其後，為紀念杯渡禪師，又再易名為杯渡山，寺遂稱杯渡寺。隋代時，杯渡寺改為普渡道場；唐代時改為雲林寺；宋徽宗宣和元年（一一一九年）詔令改為斗姆宮，逼令僧人易道服居住；元代改為青雲宮；明清兩朝仍沿

圖 5-12 青山杯渡岩下的杯渡禪師像

圖 5-13 青山寺內青雲觀

此制。民初，顯奇法師在青雲觀旁，擴建梵剎，名青山禪院。如今，前清修建的青雲觀仍存，後山杯渡岩也仍存着五代南漢時鐫造的杯渡禪師像，可供遊賞。

二 元朗廈村的靈渡寺

靈渡寺位元朗廈村東部之靈渡山山谷間，據大光法師所告，東晉隆安年間，有僧名玄朗者（即前文提及之道朗法師之胞兄，俗姓鄭，南越人），遊化南越，與耆域、杯渡二神僧同遊，在今日靈渡山處，建靈渡寺，意為密乘靈驗，救渡眾生，寺的所在地，亦易名靈渡山。隋代時，靈渡寺改為靈渡道場；唐時改為大雲寺；宋徽宗宣和元年改為碧霞宮；元代改為白雲觀；明代後稱靈渡寺，至清代沿用此名。今天所見的，是民國十六年（一九二八年）時所重修，其位置較宋元時者低。寺後有井，名杯渡井，傳因杯渡禪師曾駐錫該地所致。

圖 5-14 元朗廈村靈渡寺

三 錦田觀音山的凌雲寺

凌雲寺位於錦田觀音山腳，寺建於明初，是錦田鄧洪儀長子鄧欽為其庶母黃氏奉佛靜修而建。元末廣東各地紛亂，至明洪武元年（一三六八年），何真以廣東土地歸附明朝，洪武二十年（一三八七年）受封東莞伯；後來何真卒，其子何榮襲爵，當時錦田鄧洪儀之弟洪贇娶何真弟何迪之女為妻；洪武二十六年（一三九三年），藍玉與何榮謀反被誅，何迪恐禍將及己，乃率眾遁海島倡亂；數月後亂平，何迪被擒，族誅其黨，鄧洪贇為其女婿，株連坐罪，遣戍遼東；時鄧洪儀已先娶張氏，生子欽、鎮及鋭，以弟賦性愚鈍，恐戍途中遭不測，乃冒弟名代戍；洪武二十九年（一三九六年）期滿放還，行至江南，困乏甚，幸得富翁陳氏收留，聘任講學，並以養女黃氏妻之，旋生一子銷；數年後，洪儀卒，陳翁為之火葬，並命黃氏及子銷護喪南歸，抵家，欽、鎮、鋭三子皆大異，蓋事前未獲父信告以在外再娶生子；黃氏乃述洪儀昔日所言錦田情況，並取洪儀所書扇面為證；欽等乃大慟哭，遂遵禮成服，並善事黃氏；翌年，黃氏以所生子銷死，痛哭欲絕，欽兄弟極力慰之，並於錦田東北之觀音山麓，築凌雲靜室，俾庶母黃氏奉佛修養，又設洪儀木主室內供奉，以樂黃氏餘年。其後，該靜室經多次重修擴建，始得今貌。

四 粉嶺坪輋的長山古寺

長山古寺位於香港新界坪輋禾徑山山腳，規模不大，創建年代難考，觀寺內有乾隆五十四年（一七八九年）銅鐘一口，上刻「長生庵」字樣，壁上另有同治七年（一八六八年）木牌，上刻「長山古寺」名稱，可證明早在乾隆年間，該寺名長生庵，其後，至同治年間，已改稱為長山古寺。據守寺老婦所告；禾徑山附近廟坳，為古代該區人士往返深圳的通道，北上廣州者多經此地，故此坳當年行旅頗多云。該寺位處偏僻，故前往遊訪者不多。

五 大嶼山鹿湖的純陽仙院

大嶼山鹿湖純陽仙院，位於島上鹿湖山山坡，為羅浮山道士羅元一於光緒九年（一八八一年）時開山創建，正門上有閩浙總督何璋題額，及廣東順德梁耀樞狀元所書門聯；殿內嵌有開山時所刻的曉諭碑記。民國初年，觀清法師抵大嶼山大澳，駐錫大澳口虎山的地藏廟，偶至鹿湖，遊純陽仙院，與羅元一道長一見如故；後元一道長將仙院歸觀清法師主持，並改奉佛教。其後，羅道元道長及觀清法師相繼去世，該院遂成為一專供女眾清修之所。一九五五年起，該院改稱鹿湖精舍。

圖 5-15 粉領坪輋長山古寺

六　大嶼山薑山的蓬瀛古洞

大嶼山薑山蓬瀛古洞，建於宣統二年（一九一〇年），為葉善開女修士（又名東姑）開山創建，供奉觀音大士，鄉民稱之為「觀音廟」。至民國三十年（一九四一年），洞內眾女修士皈依佛教。其後該洞易名為觀音寺，殿內供奉千手觀音神像一座。為大嶼山全島僅有的觀音廟，故居民多到該處參拜，香火甚盛。

上述古剎至今仍存，供人參神禮佛，並供遊覽。

廟宇

香港及新界居民多信奉神祇，自古已有建廟奉祀，歷代善信為感謝神恩，多不斷重修廟宇，且有擴建，故今日所見的廟宇，多莊嚴宏偉。

本港居民多奉祀天后、觀音、洪聖、北帝、譚公和侯王，官員及先賢當中有德於民的，如周王二公及魯班先師，亦為港人築祠廟祀奉，以謝神恩。

香港的廟宇多背面海，使能藏風納水，盡佔風水之勝，廟前多有空曠場地，除方便神誕日慶典用外，亦含方便招納風水之意。可惜因為城市發展，部分廟宇已為眾多大廈所包圍，已不可再如昔日的講求風水，只有新界及離島之廟宇，廟前的廣場仍存。

香港的廟宇，多為一進式及兩進式；有單獨一間，亦有三間並排的，三進式者則甚少。原因是香港地方狹窄，且與居民之經濟能力有關。

一進式廟宇，規模甚小，一般只得正殿，內奉神位，壁上懸雲板，亦稱響板，或懸銅鐘，其下為鼓。兩進式的廟宇則比較宏偉，此類建築，大致分前後兩殿，中有天井所隔。前殿左右為土地及財神之神位；正中有屏門，俗稱擋中，用以阻檔邪魔進入，通常於神誕日才大開，平時則常關閉。天井上多加遮蓋，目的為防止風雨侵入廟內，引起破壞，及使廟宇內部的宗教神祕感得以保留。後殿為正殿，中奉該廟之主神，及其陪神，其旁亦有供奉其他神靈；殿內壁旁亦有鐘鼓，橫樑及支柱上懸掛善信送賜的對聯及牌匾。天井兩旁有廂房，亦稱偏室，前室多為管廟者居室，繼為露天天井，後室亦稱偏殿，內亦供奉神靈。至於三進的廟宇，其中軸與兩進者相同，惟於正殿神龕側旁，有門通往第二天井，天井後為第三進，多用作安放先人靈位。

有些廟宇則會在主體兩側另建殿堂兩間，稱為「公所」及「書院」，亦有稱「佛堂」及「英勇祠」。公所及書院多設於市區內的廟宇，原因是市區人口眾多，每遇未決事情，市民多往公所，於神前尋求解決辦法，區內更練館，多亦設於公所內；書院為區內市民子弟求學之所；時至今日仍設有公所及書院的廟宇，有港島文武廟、九龍油麻地天后古廟及旺角大石古水月宮。至於英勇祠則多設於新界鄉村地區廟宇內，亦有稱為英烈祠，或稱義祠，內奉該區為保護鄉土殉難的居民，著名的有元朗十八鄉天后古廟旁之英勇祠、坪輋天后古廟旁之義祠及荃灣天后古廟旁的英烈祠。

廟宇除為神靈祭祀之所外，與祠堂一樣，亦為區內舉行文娛活動的場所，居民於餘暇時，利用廟宇作為聚會場所，並舉辦神誕慶典，以調劑生活，此俗今仍存。

祠堂

香港新界鄉村，崇先敬祖之風甚盛，大族建築祠堂祭祀祖先，往往一族而有祠數間，這些建築甚宏偉，且有雕刻及藻飾，用以展示財富。至於人口較少的家族，亦有建築祠堂，有些則以普通民居，改作祠堂，祭祀祖先。其祀始祖者，曰宗祠，有以一族始祖之名而命名者，如龍躍頭之鄧氏宗祠，則名為松嶺鄧公祠；亦有只祀一家祖先的便稱為書室；多為後人追念祖先而建，故亦以其祖之名而命名，如屏山述卿書室，即為紀念其祖鄧述卿所建。

宗祠的形制，甚為宏偉，多為三進式，內有兩庭院，俗稱天階，庭院兩旁有耳房；首進曰門廳，亦作前廳，內有屏門，俗稱擋中；二進為中廳，多用作宴會及議事用，中亦有屏門，柱上懸掛名人及先賢所書的對聯，橫樑上懸族內子弟所獲的功名牌匾；三進為後廳，分三殿，正殿供奉始祖的木主，左右兩殿除供奉該族列祖外，亦奉祀鄉賢及名宦，列祖木主，則序昭穆而奉祀殿內。有些家族會在祠堂內的正殿供奉始祖之木主，上題公共名義曰：某氏歷代高曾祖考妣之位。

書室多屬兩進式，內有一庭院，旁有走廊，前廳旁有廚房，內有屏門，後廳中奉該房列祖木主；內設耳房多間，供族中學子讀書用。這些書室，其外觀與普通鄉居無異，但建築上乘，其中的石刻及木刻尤為精美。

祠堂的主要用途，除為紀念先人及祭祀祖先外，亦為闔族議事之所，舉凡族中的重要事務，皆由族中父老及族長，齊集祠內中廳共商解決。此外，遇上喜慶，族人亦可借用祠堂大廳作為歡宴聚會之地。一些家族甚至以祠堂作為學堂，禮聘名師，開館祠內，作育族內子弟。書室的用途，與祠堂相同，但因為只屬於一房所有，故闔族事務及喜慶，仍多在祠堂內舉行。

香港及新界地區的祠堂，多屬新界大族所建，較著名而至今仍保存良好並可供人遊訪的，有：

河上鄉居石侯公祠

粉嶺彭氏宗祠

上水村萬石堂廖氏宗祠

龍躍頭祠堂村松嶺鄧公祠

廈村市友恭堂鄧氏宗祠

屏山坑尾村鄧氏宗祠
錦田水頭村思成堂清樂鄧公祠
新田蕃田村麟峯文公祠
屯門陶氏宗祠

上述各祠堂都已有三百多年歷史，雖經多次重修，但至今仍能保存其原貌祠內所存的對聯、木匾、及碑記，皆可反映本身之悠久歷史。

書室之中規範較大，且至今仍保存良好，可供人遊訪者的，有：

龍躍頭新屋村的善述書室
廈村市新圍的友善書室
屏山坑尾村的覲廷書室
屏山塘坊村的述卿書室

這些書室，至今仍為私人所有，甚至用作民居，其內部陳設多已有更改，惟外貌仍能保存。

圖 5-16 新田麟峯文公祠

圖 5-17 新田麟峯文公祠側面，顯示出「三進」的建築特色。

圖 5-18 新田明遠堂

圖 5-19 新田明遠堂側面（兩進）

古塔

塔亦稱塔婆、兜婆、偷婆、浮圖、窣堵坡，為古印度梵文之音譯，意思為以土石聚積用作瘞埋佛骨之墳墓。這種建築是從印度隨着佛教而傳入中國，普通多為方形、六角形、八角形、圓形、棱形，有以木、土、磚、石建成，亦有以生鐵或琉璃瓦砌築。其層級稱簷數，一般為單數，多為三、五、七級，亦有多至十七級的。

最初，塔為埋葬佛舍利用，其後亦有用作高僧墳墓、藏經所及放於廟、寺內供奉。明清以後出現文峯塔，俗稱文塔，但已失去宗教意義，有等且作為山川名勝及園林景物點綴之用。

香港地區，現只留存古塔一座，名聚星樓，在新界屏山上章圍旁。該塔為一六角形磚塔，以青磚建成，現存三層，高約十五米，各層皆疊澀琉璃出簷，基座為石塊砌成，以矮磚牆環繞。第一層正面開方形門，二層券門，三層圓窗，二、三層側面有長條形小窗透光。各層皆以五層卷牙磚出簷，上蓋琉璃瓦當，頂平，中央有一圓球，塔剎已毀。第一層門額「光射斗垣」，二層門額「聚星樓」，三層額刻「凌漢」。各層內有樓板及木梯，可供登臨。如今塔的底層內奉土地神位，二層內供關聖帝君。

塔為屏山鄧氏祖先所建，創建年代今已難考，據傳謂建於明朝初年，原高五層，後因颱風損壞，經多次重修改建，如今只餘三層。據香港新界鄰近之寶安地區，現存前代文峯塔兩座，即固戍之文昌閣及福永之鳳凰塔，皆屬前清乾隆、嘉慶年間（十八、十九世紀間）之物，中以鳳凰塔的形制，與屏山聚星樓十分相像，皆六角形磚塔，但前者高六層。聚星樓傳之高五層之說，想亦可信。

塔的建造原因，則有二說：其一謂目的為聚文魁，開文運，發揚追求科名入仕的傳統，觀清乾嘉間屏山鄧氏科名之盛，建塔動機則可理解。另一說則為驅邪鎮災，防洪擋煞；屏山鄉距后海灣不遠，而且常患水災，據云得堪輿師指點建塔後，水患漸息；此動機亦甚合理。

除此之外，新界錦田北頭、水尾二村之間，古有一文塔，內奉文武二帝，據云塔建成後，其地科名甚盛，道光末年，村民將塔拆卸，神像則被棄荒野；後族中有識之士，於今水頭村入口處，重建廟供奉，稱二帝書院，並用作鄉中子弟潛修求學之所。如今該書院已被廢置。

圖 5-20 屏山聚星樓

摩崖石刻

香港地區位於廣東省南陲，自古已為峯傜等族聚居之所。這些居民，間於其居停地點，刻劃圖形於崖壁上；李唐間，南來者日多，其後歷代南從者亦屬不少；中有文人雅士，除對香港景貌略作吟詠，且有將其墨寶，刻留在區內石崖上，以作留念。

一　史前摩崖石刻

在香港於濱海地區，發現有多塊先民時代的古石刻，這些石刻，多呈「回」紋形狀，分佈於東龍島的西北角、蒲苔島南氹、港島石澳大浪灣、大嶼山石壁、長洲東灣、西貢滘西洲及龍蝦灣、港島黃竹坑等地。這些石刻含義雖不能考，但位置多面海而立，而且接近先民聚落之所，又在良好的隱蔽處，故估計為古蜑民所刻。蜑民多以捕魚為業，若突遇風浪吹抵此區，則多疑為海怪作祟，故而鑴圖形於石上以示警，並鎮壓海怪，祈求人口昌旺，及含與鬼神和睦相處之意；想此皆為先民圖騰社會宗教之遺蹟。

圖 5-21 東龍蒲苔島摩崖石刻

圖 5-22 石澳大浪灣雷紋石刻

二 青山頂上的北宋摩崖石刻

青山頂石崖上，舊鐫「高山弟一」四字，舊傳韓愈所題，但考證韓愈赴潮州時，未嘗途經屯門，故推斷出該題刻當非其路經時之遺墨。惟據南陽鄧氏族譜中載，該石刻為北宋時，其祖鄧符協摹韓愈之字而刻者。民國八年（一九一九年），曹受培遊青山，以頂上「高山弟一」四字日久剝落，乃摹舊碑，命工鑿刻於今青山禪院背後杯渡岩旁，以供遊人欣賞。

三 北佛堂門大廟背後的南宋摩崖石刻

北佛堂門的天后古廟，俗稱大廟，其背後有一嵯峨巨石，闊約十呎，高五呎，厚五呎，南面向海甚平，其上有南宋石刻，全文共一百零八字，分九行，每行十二字，每字闊約四吋，高度不一。石刻全文云：「古汴嚴益彰，官是場，同三山何天覺來遊二山。考南堂石塔，建於大中祥符五年。次三山鄭廣清，堞石刊木，一新二堂。續永嘉滕了覺繼之。北堂古碑，乃泉人辛道朴鼎 刱於戊申，莫考年號。今三山念法期、土人林道義繼之；道義又能宏其規，求再立石以紀。咸淳甲戌六月十五日書。」可證該石刻為南宋咸淳十年甲戌（一二七四年）汴梁（河南開封）嚴益彰所書刻的題記。該石刻早歲原藏叢莽中，後於民國四十四年（一九五五年），建築師余謙（字石齋）投得修建大廟工程，於廟後叢莽中重新發

圖 5-23 寺杯渡岩內「高山弟一」新碑

現此此石刻，遂以石灰掃刷，顯其字跡，供人遊賞。近年該石刻已被列為古蹟，其面前加建塑膠護板，防止遊人破壞。

四 清嘉慶年間的宋王臺摩崖石刻

宋王臺原位今九龍城海濱小丘上，該小丘名聖山，位於今日九龍城之南，啟德機場之西，馬頭角之西北，高一一四呎，周圍一八〇〇呎。小丘上有巨石，高五十呎，頂平，下有二小石支持，二石間有天然岩洞，據云此即宋帝石殿之遺蹟。該巨石西面稍平，橫刻「宋王臺」三字，「宋」字高二十六吋，「王」字高二十二吋半，「臺」字高二十七吋，三字俱闊二十吋，字體古勁，「臺」字則作「臺」。「宋王臺」三字右旁另有「嘉慶丁卯年重修」七字，可見此乃嘉慶十二年丁卯（一八〇七年）時所重刻者。石刻稱「宋王」，實因沿元脫脫所修《宋史》中載帝昰及帝昺為二王之故。該石刻乃由廣東水陸路提督錢夢虎，受命新安營游擊（全銜為水師提標左營游擊）林孫，知新安縣事李維瑜及官富巡司巡檢胡安昭等，於嘉慶十二年刻造。一九四一年，日軍佔領香港，為擴建啟德機場，乃將聖山上巨石炸開，用以建築機場，但「宋王臺」三字之巨石，則幸能保存。一九四五年香港重光，政府於聖山原址之西，建「宋皇臺公園」，並將巨石削為方形，移置園內，一九五九年，簡又文氏為之撰文立碑，使遊人識該石刻歷史的大要。

圖 5-25 宋王臺石刻

五 九龍城侯王古廟後的「鶴」「鵝」二石

九龍城侯王古廟後有一巨石，其上陽刻一大「鶴」字，該字為署名「鳳山」者一筆書成，旁有光緒十四字年（一八八八年）桂樹黃潤章所書之陽刻對聯，文之「道古仙岩歸鶴嶺，侯王顯赫鎮龍城」。在「鶴」字石刻旁有一小亭，亭內壁上有一大「鵝」字，兩旁聯云：「古石書鵝摹逸少，名山駕鶴仰侯王」。「鵝」字石真蹟本來是九龍城西頭村張壽仁一筆書成，其旁對聯原為東官黎慶堂於光緒十三年（一八八七年）時所書；惜二次大戰時，日軍炸取該區巨石，用以建築機場，「鵝」字石遂被毀去，現存者是近人在一九七〇年時所摹刻。

圖 5-26 九龍城侯王廟內「鵝」字石刻

圖 5-27 九龍城侯王廟內「鶴」字石刻

六 田下山麓的摩崖石刻

清水灣半島田下山東南麓，北佛堂門天后古廟背後的巨岩上，有一形如地圖的石刻。石刻平面寬約呎，高約三呎，成垂直平面，鐫於一高約十呎的巨岩上；刻紋曲折回旋，如地圖之海岸線；刻痕深約半吋，深度極平均，寬度則保持四分三吋；中部有一缺口，餘部則為一氣呵成。觀刻紋所示，大致為本港東北部之牛頭角及清水灣兩半島略圖：西自九龍鯉魚門起，繞將軍澳、大小赤沙、上流灣、田下灣、碇齒灣、佛堂門，而東至布袋澳止；至其中部所示之缺口，則疑為將軍澳之盡頭，因為如站立在田下山頂石刻的位置，視線則不能直透將軍澳，因受地塘頂山所阻，故佛堂咀及砧板角沿岸一帶未能入目。可惜全石刻中並無文字可供研究。該石刻所在的巨岩，面向西北，海拔約五百七十二呎，其前不足兩呎處，與岩對峙，中通一縫，闊可過人，因其地形得此屏障，故刻紋受侵蝕程度不大。石刻東部，地勢下降十餘呎處，有一石凌空疊架，在向北的一面，表面有紋理三節，但並不相連，用意至今未明。據這二石刻，可知其紋理為人手所鑿，但查考有關本港前代史的史志，以及近代考古學者的著述，均無記錄，其用意未詳。

七 長洲大石口的摩崖石刻

該石刻位長洲大石口后古廟旁的峭平石崖上，因久經風雨侵蝕，雖在石刻頂部築有石壆三條，以作保護，但剝落仍巨，其上青苔滿佈，只餘十數字隱約可辨。從可辨的文字中，可見該石刻為一藥方，主治腹瀉等疾，文中有「……各省各府……」等字，故疑為清末民初時所刻，但鐫刻之原由，至今難考。

近年，文人雅士及方外人士亦有鐫刻摩崖，較著名的有鯉魚門天后宮前的石刻群，大嶼山鹿湖及昂平的石刻，長洲西灣天后古廟旁的石刻，石刻之所在地皆為旅遊勝地，而石刻亦可供觀賞。

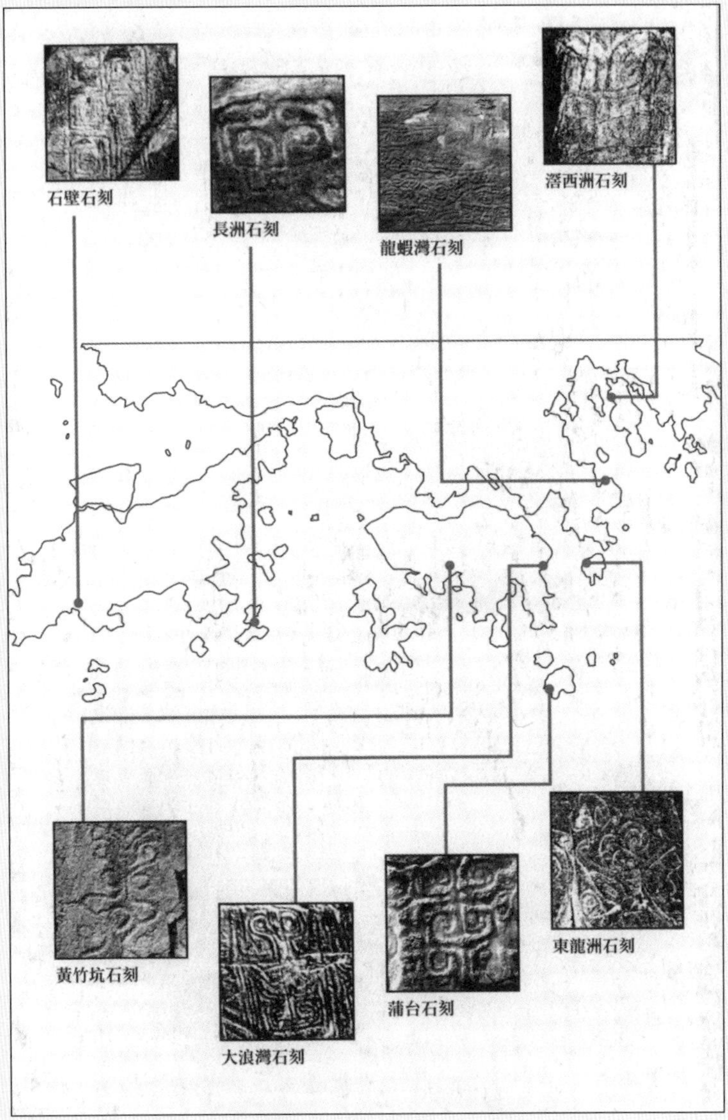

圖 5-28 摩崖石刻分佈圖

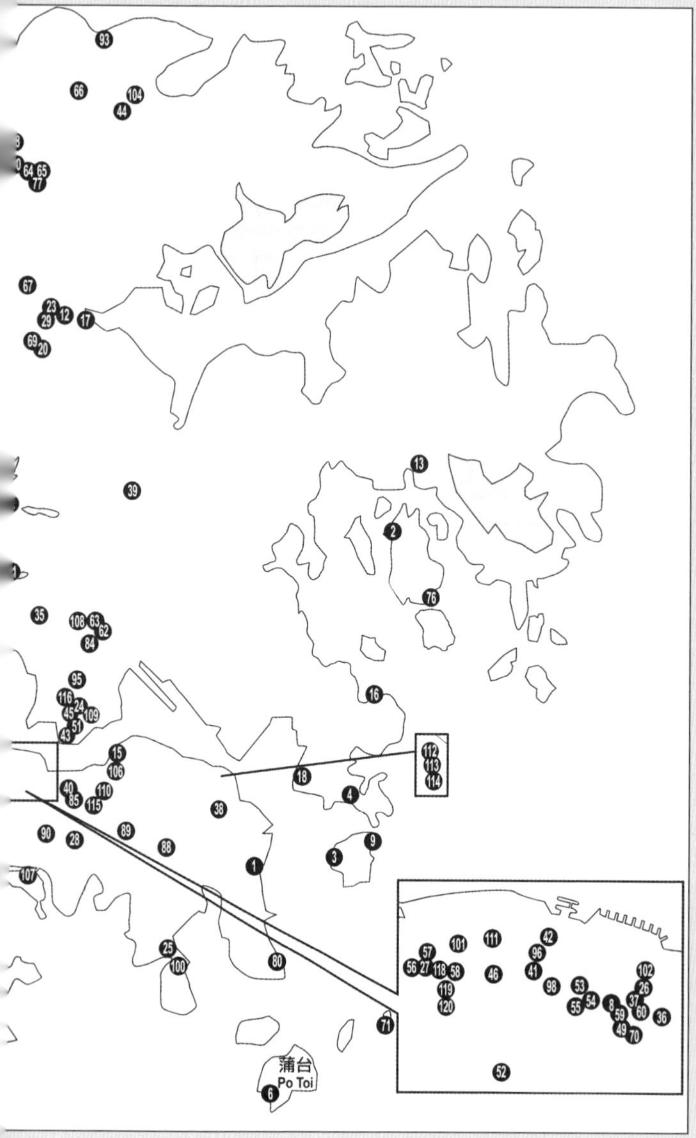
蒲台
Po Toi

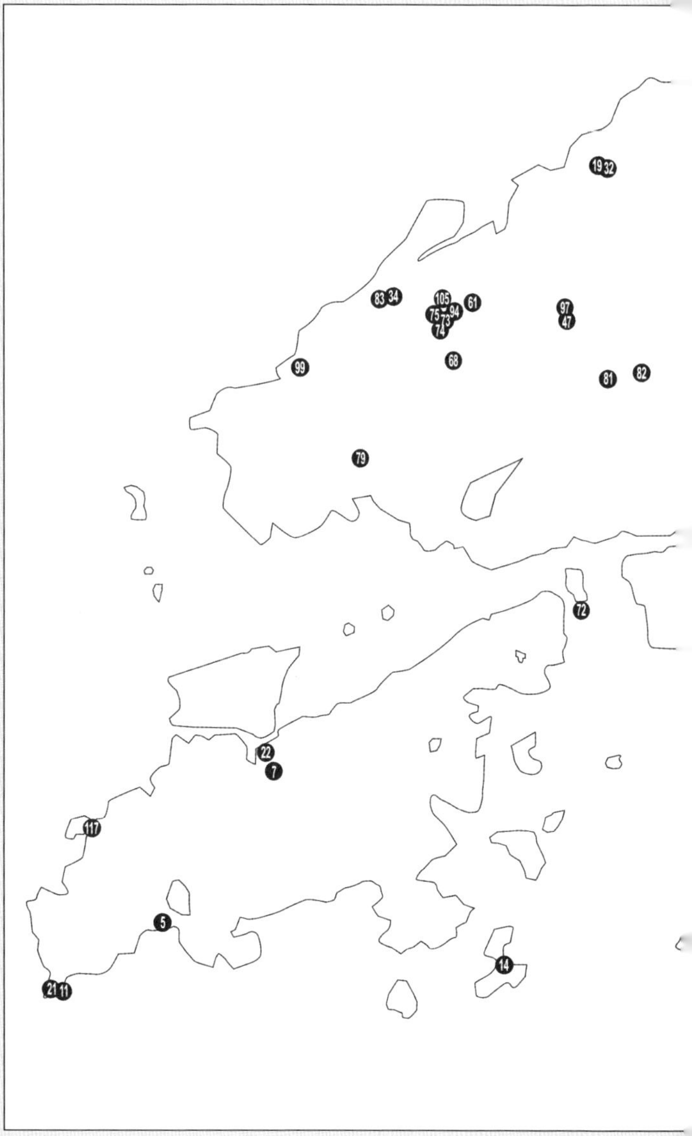

圖 5-29 香港法定古蹟（截至 2018 年 11 月 16 日）

1. 港島大浪灣石刻
2. 西貢滘西洲石刻
3. 西貢東龍洲石刻
4. 西貢大廟灣刻石
5. 大嶼山石壁石刻
6. 蒲台島石刻
7. 大嶼山東涌炮台
8. 中環都爹利街石階及煤氣路燈
9. 西貢東龍洲炮台
10. 荃灣三棟屋村
11. 大嶼山分流炮台
12. 大埔舊北區理民府
13. 西貢上窰村
14. 長洲石刻
15. 銅鑼灣天后廟
16. 西貢龍蝦灣石刻
17. 大埔元洲仔前政務司官邸
18. 西貢佛頭洲稅關遺址
19. 元朗新田麟峯文公祠
20. 大埔碗窰村碗窰
21. 大嶼山分流石圓環
22. 大嶼山東涌小炮台
23. 大埔文武二帝廟
24. 尖沙咀香港天文台
25. 舊赤柱警署
26. 中環舊最高法院外部
27. 香港大學本部大樓外部
28. 黃竹坑石刻
29. 舊大埔墟火車站
30. 上水廖萬石堂
31. 荃灣海壩村古屋
32. 元朗新田大夫第
33. 粉嶺龍躍頭覲龍圍門樓
34. 元朗廈村楊侯宮
35. 深水埗李鄭屋漢墓
36. 中環紅棉路舊三軍司令官邸
37. 中環炮台里前法國外方傳道會大樓
38. 柴灣羅屋
39. 沙田王屋村古屋
40. 舊灣仔郵政局
41. 上環堅巷舊病理學院
42. 舊上環街市
43. 尖沙咀前九廣鐵路鐘樓
44. 沙頭角鏡蓉書屋
45. 尖沙咀前九龍英童學校
46. 半山區列堤頓道聖士堤反女子中學主樓
47. 元朗錦田二帝書院
48. 粉嶺龍躍頭覲龍圍圍牆及更樓
49. 中環花園道梅夫人婦女會主樓外部
50. 粉嶺龍躍頭麻笏圍門樓
51. 尖沙咀前水警總部
52. 舊總督山頂別墅守衛室
53. 中環荷李活道中區警署
54. 中環亞畢諾道前中央裁判司署
55. 中環奧卑利街域多利監獄
56. 香港大學大學堂外部
57. 香港大學孔慶熒樓外部
58. 香港大學鄧志昂樓外部
59. 中環上亞厘畢道香港禮賓府
60. 中環花園道聖約翰座堂
61. 元朗橫洲二聖宮
62. 九龍寨城公園九龍寨城南門遺蹟
63. 九龍寨城公園前九龍寨城衙門
64. 粉嶺龍躍頭老圍門樓及圍牆
65. 粉嶺龍躍頭松嶺鄧公祠
66. 粉嶺坪輋長山古寺
67. 大埔大埔頭村敬羅家塾
68. 元朗山廈村張氏宗祠
69. 大埔上碗窰樊仙宮
70. 中環堅尼地道聖約瑟書院北座及西座
71. 橫瀾島橫瀾燈塔
72. 荃灣汲水門燈籠洲燈塔
73. 元朗屏山鄧氏宗祠
74. 元朗屏山愈喬二公祠
75. 元朗屏山聚星樓
76. 西貢滘西洲洪聖古廟
77. 粉嶺龍躍頭天后宮
78. 上水河上鄉居石侯公祠
79. 屯門何福堂會所馬禮遜樓
80. 香港鶴咀鶴咀燈塔

81. 元朗八鄉元崗村梁氏宗祠
82. 元朗八鄉上村植桂書室
83. 元朗厦村鄧氏宗祠
84. 九龍塘窩打老道瑪利諾修院學校
85. 半山區司徒拔道 45 號景賢里
86. 青洲燈塔建築群
87. 薄扶林水塘 6 項歷史構築物
88. 大潭水塘群 22 項歷史構築物
89. 黃泥涌水塘 3 項歷史構築物
90. 香港仔水塘 4 項歷史構築物
91. 九龍水塘 5 項歷史構築物
92. 城門水塘紀念碑
93. 沙頭角蓮麻坑村葉定仕故居
94. 元朗屏山坑頭村仁敦岡書室
95. 油麻地窩打老道東華三院博物館
96. 上環荷李活道文武廟
97. 元朗錦田廣瑜鄧公祠
98. 半山區衛城道甘棠第
99. 元朗下白泥 55 號碉堡
100. 赤柱聖士提反書院的書院大樓
101. 半山區般咸道英皇書院
102. 中環和平紀念碑
103. 薄扶林道伯大尼修院
104. 沙頭角下禾坑發達堂
105. 元朗屏山達德公所
106. 港島大坑蓮花宮
107. 鴨脷洲洪聖古廟
108. 九龍城侯王古廟
109. 尖沙咀大包米訊號塔
110. 灣仔掃桿埔馬場先難友紀念碑
111. 西營盤高街舊精神病院立面
112. 柴灣舊鯉魚門軍營第 7 座
113. 柴灣舊鯉魚門軍營第 10 座
114. 柴灣舊鯉魚門軍營第 25 座
115. 跑馬地山光道東蓮覺苑
116. 油麻地佐敦道九龍佑寧堂
117. 大澳楊侯古廟
118. 香港大學馮平山樓外部
119. 香港大學儀禮堂外部
120. 香港大學梅堂外部

（資料來源：香港古物古蹟辦事處，截至二〇一八年十一月十六日）

第六章 香港史研究概況

二十世紀的香港史研究
研究香港前代史的華文資料
田野考察與香港史研究
族譜與香港史研究
香港軍事史研究
從香港史的探究看香港之中華文化

二十世紀的香港史研究

香港地區本是前清廣東省新安縣屬土，道光二十一年（一八四一年），中英鴉片戰爭後，香港島始割讓予英人；咸豐六年（一八六〇年），九龍半島轉歸英人統治；光緒二十四年（一八九八年），新界及離島亦租借予英人。至此，香港地區才全歸英國管治。一九九七年七月一日，香港全境回歸中國，成為特別行政區。

一 早期的香港史研究

一九一一年辛亥革命，清朝覆亡，民國成立，前清遺老東莞陳伯陶，隱居香港九龍城，纂輯《東莞縣志》，並留心香港的前代史蹟。一九一六年秋，陳氏邀約蘇澤東（選樓）、吳道鎔（澹菴）、張學華（闇公）、張其淦（豫章）、汪兆鏞（清溪漁隱）、丁仁長（松隱）、伍銓萃（叕公）及賴際熙（荔垞）等，登濱海的宋王臺，互相酬唱；翌年，蘇澤東輯成《宋台秋唱》，刊刻問世；此雖為詩集，然其序文中，載有不少香港史蹟的考證。[1]其時，各氏皆用傳統方法，遍覽群書，將以前史書所載而未詳之點，加以考證，[2]遂開香港史研究的先河。

早期英人著述有關香港史的書籍，皆成於一八四二年之後，因為前時香港島乃一荒島，九龍半島亦未開發，為漁民寄泊之地、海盜聚集之所，其著者有威廉塔蘭（William Tarrant）的《香港：由割讓至一八四四年》（*Hong Kong: A History of Hong Kong from the Time of its Cession to the British Empire to the Year 1844*）、荷里曼馬丁（Hurliman Martin）的《香港：一八六二年》（*Hong Kong 1862*）及艾陶爾（E. J. Eitel）的《香港史：由初期至一八八二年》（*Europe in China: The History of Hong Kong from the Beginning to the Year 1882*）。各書主要述香港割讓的經過，以及英屬初期香港的社會情況，為研究香港開埠初期的好資料。

---

1 清陳伯陶《宋皇台懷古・並序》，提出硇州即今香港大嶼山；蘇澤東《鶴嶺宋楊亮節廟壁・並序》，提出楊亮節廟即九龍城侯王廟。此外，他們對二王殿、淺灣、晉國夫人墓、官富場等古蹟亦有考證。

2 蘇澤東另輯《宋台圖詠》，內容與《宋台秋唱》相若。清陳伯陶著有《瓜廬詩賸》及《瓜廬文賸》，部分序文亦有香港史蹟資料。

二　戰前的香港史研究

二十世紀二十至四十年代的香港史研究，以考古發掘的成就較大。一九二七年，北京人化石的發現，使考古發掘成為風氣，香港地區亦受影響；其時，區內的考古發掘工作，皆屬個人業餘性質，以韓義理醫生（Dr. C. Heanley）及蕭思雅教授（Prof. J. Shellsher）為先驅。

韓義理醫生為港府醫務處官員，亦為地質學家，工餘時常作考古發掘，發現史前石器及陶器頗多，一九二八年，他在《中國地質學會會誌》發表論文，為首篇香港考古發掘報告。蕭思雅教授為香港大學解剖系教授，他與韓義理醫生合作，於新界掃稈笏及南丫島發掘史前遺物，並發現香港境內的史前遺蹟，多位於上升海灘上；一九三三年，其成果在遠東史前史學家會議上發表。

繼韓、蕭二氏者，為芬神父（Fr. Daniel J. Finn）、陳公哲及戈斐侶（Walter Scholfield）諸位。芬神父為耶穌會教士，曾任香港大學地理系講師，一九三二年他在香港仔天主教修道院附近海灘發現一些古陶器及青銅器殘片，繼而追查至南丫島西北部的大灣、榕樹灣及洪聖爺灣等海灘，翌年獲政府經濟上的支持，在該處進行大規模發掘，收穫甚豐；其論文於一九三二至一九三六年間在《香港自然雜誌》（*Hong Kong Naturalist*）上發表，而黃素封的中譯則發表於《說文月刊》卷一之四至六期；所獲的文物則分藏於香港大學馮平山博物館及香港藝術館。[1] 陳公哲為香港首位從事考古發掘的華人，於一九三八年自資買舟偏人，分別於石澳、獅子山、掃稈笏、屯門、龍鼓洲、沙洲、大嶼山石壁的沙岡背及東灣，以及南丫島的大砂灣、洪聖爺灣、鹿洲及榕樹灣等地進行發掘，獲得石器、陶器、銅器、玉器及鐵器文物甚多；此外，他更在大嶼山石壁的沙岡背發現一回文石刻。[2] 戈斐侶為港府公務員，一九三五年他在大嶼山石壁進行考古發掘，成果於一九四〇年在新加坡第三屆東西史會議上發表。[3]

從考古發掘所得的從商周至明清各代的文物，增加了當時香港歷史研究的資料，可惜在四十年代後，香港考古發掘跌至低潮，其後因戰爭的影響，考古工作幾乎停頓。

是時，華人研究及考證香港歷史者甚少，因其時香港僅為一轉運港，學者、文人多在內地發展；其間只有許地山在任教香港大學時（一九三四年）曾撰《香港與九龍租借地史地的探

1 芬神父的考古成果，詳見其所著的《船遼洲考古發現》（*Archaeological Finds on Lamma Island Near Hong Kong*）（香港：香港大學出版社，一九五八年）。

2 陳公哲的考古成果，詳見其〈香港考古發掘概略〉，載李晉光《陳公哲先生知行錄》（香港：靜廬出版社，一九五一年），頁一〇三至一〇九。

3 戈斐侶的考古成果，詳見其《石壁考古遺址》（*An Archaeo-logical Site at Shek Pik*）。

略》，[1]並於一九三九年，在福建旅港同鄉會講述香港小史；[2]惟當時並無華文的香港歷史專著。

外國人士的香港史專著，其著者有活特（A. W. Wood）的《香港簡史》，一九四〇年由香港《南華早報》出版；施爾（G. R. Sayer）的《香港早期及少年時代》（*Hong Kong: Birth Adolesoence and Coming of Age*），一九三七年由牛津大學出版社出版；狄龍（Frank J. De Rome）的《香港新界略》（*Notes on the New Territories of Hong Kong*），一九三七年在香港出版。另有韓頓（W. J. Hinton）的《香港的歷史資料與統計簡述》（*Historical And Statistical Abstract of the Colony of Hong Kong*），在一九一一年出版；其後再著《香港在大不列顛的地位》（*Hong Kong's Place in the British Empire*），一九四一年由英國殖民地部（Colonial Office, London, Far Eastern Pamphlet）重印。此等著述，皆重英人開埠後的介紹，對香港的前代歷史研究，仍是一片空白。

三 戰後初期的香港史研究

一九四五年香港重光，數年後，內地政治形勢轉變，大量文人學者南來香港避難；這些文人學者對地方史事甚有興趣，因而對前人有關香港史蹟的考證，有若干爭論。戰前香港公務員黃佩佳，根據地方志的資料，對陳伯陶等的考證，撰文反證。[3]戰後葉靈鳳及吳灞陵等在各大報章，[4]分別發表香港史蹟的考證文章。恩師羅香林教授於一九五六年發表〈宋王臺與宋季之海上行朝〉；一九五七年簡又文撰〈宋末二帝南遷輦路考〉；一九五九年饒宗頤著《九龍與宋季史料》一書；恩師羅香林教授的《一八四二年以前之香港及其對外交通》亦於同年面世，其《香港與中西文化交流》一書則於一九六三年出版；三人對碙州及梅蔚山的所在，以及侯王廟等問題，各有不同見解。各人的考證多偏重香港前代宋元間的史事，他們對掀起香港史研究的風氣，厥功甚偉。

在考古方面，一九五五年，香港大學林仰山教授主持李鄭屋古墓的發掘，獲陶器五十多件，[5]這發現且促進香港考古學會的成立。一九六一年，香港大學地理系戴維斯教授（Professor S. G. Davis）於大嶼山萬角咀進行發掘，[6]頗有收穫。

---

1 載《廣東文物》中冊卷六。

2 其〈香港小史〉一文，載黎晉偉《香港百年史》，頁三三。

3 黃佩佳的著述，手稿凡五冊，香港新界風土名勝大觀三冊、本地風光兩冊，藏香港大學孔安道圖書館。

4 葉靈鳳以筆名「葉林豐」於《星島日報》撰寫文章，出版的著作則有《香港方物誌》、《張保仔之傳說與真相》及《南星集》等；其遺稿由香港中華書局出版，包括《香港的失落》、《香海浮沉錄》及《香島滄桑錄》。吳灞陵以筆名「鰲洋客」於《華僑日報》撰寫文章，其遺稿輯成《香港掌故》一巨冊，藏香港大學孔安道圖書館。

5 林仰山的報告，中文部分名《香港李鄭屋古墓遺址》，載《香港年報》（一九五五年）第十章。

6 詳見其《大嶼山萬角咀考古三十號遺址發掘報告》（*Man Kok Tsui, Archaeological Site 30 Lantau Island, Hong Kong*）（香港：香港大學出版社，一九六一年）。

英文有關香港歷史的著述，亦較前期豐富，其著者有安德葛（G. B. Endacott）的《香港歷史》（*A History of Hong Kong*），在一九五八年出版；安氏與韓頓（A. Hinton）於一九六二年合著的《香港小史》（*Fragrant Harbour: A Short History of Hong Kong*）及安氏的《香港早期人物誌》（*A Biographical Sketch Book of Early Hong Kong*），一九六二年在新加坡出版；安氏曾任教於香港大學，其著作引用殖民地檔案資料編寫而成，為研究香港開埠以後的歷史的重要書籍。此外，史塔士（Gwenneth Stokes）的《香港歷史》（*Hong Kong in History*）於一九六五年出版，這書為當時中學歷史課程的教科書。

其時，港人對香港歷史漸趨重視，羅師元一的兩本香港歷史專著，亦相繼被翻譯成英文出版。[1] 外國人士對新界居民的生活及風俗習慣，亦漸產生興趣，著名的專著有貝克（Hugh D. R. Baker）的《上水》（*A Chinese Lineage Village: Sheung Shui*），一九六八年由美國史丹福大學出版社出版；日人 Hiroaki Kani 的《香港蜑民之調查》（*A General Survey of the Boat People in Hong Kong*），一九六七年由中文大學出版社出版。

1　即 *Hong Kong and its External Communications Before 1842* 及 *The Role of Hong Kong in the Cultural Interchange Between East and West*。

圖 6-1 筆者（左）與恩師羅香林教授（攝於一九七五年）

其時研究香港史的機構，除兩所大學及香港政府之外，另有屬於民間組織的香港考古學會及香港皇家亞洲學會。香港考古學會前身為香港大學考古學會，一九六七年改組為獨立的政府註冊社團，會員包括各種專業人士，曾於南丫島、大嶼山及屯門等地從事發掘，並定期出版學報，所發掘的出土文物大多在香港歷史博物館展覽。香港皇家亞洲學會是一八二三年在倫敦成立的亞洲學會的附屬分會，一八四七年成立，一八五九年停辦，一九六〇年復會，直至現今；其工作包括學術演講、出版學報，並在香港進行古蹟考察，其宗旨着重香港的歷史與文化研究。[1]

四　近代的香港史研究

二十世紀六十年代以後，研究香港歷史的風氣較前濃厚，隨着學者不斷討論與探索，對香港歷史上的一些問題，已有深入的研究。

關於明清兩朝中西交通及海防的研究，有林天蔚、霍啟昌、葉靈鳳及筆者等，都曾以中外文獻及實地考察作精細的探究，但成果僅局限於史實的考證。[2]

香港近代史的研究則比較廣泛及深入，例如香港英屬的問題，內地學者丁名楠、胡思庸、鄭永福、陳勝粦、余繩武及楊詩浩等均先後發表論文，對香港英屬的經過，作了充分的考證及分析。香港學者史維理（Peter Wesley-Smith）及劉偉兩人的專著，[3]則着重分析新界租借的經過。

有關兩次大戰期間的香港歷史，較著名的著作有喬靈咸（P. Gillingham）的《兩次大戰期間之香港》（*Hong Kong between the Wars*）；安德葛（G. B. Endacott）的《香港之蝕》（*Hong Kong Eclipse*）；約翰樂夫（John Luff）的《藏匿年代：一九四一至一九四五年間之香港》（*The Hidden Year: Hong Kong 1941-1945*）。上述各書大多使用檔案及其他原始資料，對戰前香港的社會、日軍佔據香港的經過、日本對香港的統治，以及戰後初期香港的社會情況，皆有扼要的敘述。

地區性研究為近代一重要的研究課題，主要重研究英屬以前新界的鄉村組織及社會結構。早在六十年代中葉，貝克、波特（J. M. Potter）及魏國安（Edgar Wickberg）等，分別從社會學及經濟史等角度，研究明清兩代香港地區的農村。[4] 此外，尚有鄭宇碩的《變遷

1 除此兩學會外，另有香港歷史學會，為香港大學師生所創立，其工作性質與香港皇家亞洲學會大致相同。

2 中西交通及海防研究專著，有拙著《清代香港之海防與古壘》及《九龍城史論集》。林天蔚師的研究，見拙與林天蔚師合著《香港前代史論集》。

3 史維理的專著，名 *Unequal Treaty 1898-1997 China, Great Britain and Hong Kong's New Territories*。劉偉的專著名《香港主權交涉史》上冊。

4 內中以貝克的 *Ancestral Images*, *More Ancestral Images* 及 *Ancestral Images Again* 三書，對新界農村生活及習慣的研究，最為詳盡。

中之新界》、吳倫霓霞的《歷史的新界》、李明堃的《新界鄉議局：回顧與前瞻》、科大衛（David Faure）的《中國鄉村之社會結構：香港新界東部之家族與鄉村》（*The Structure of Chinese Rural Society : Lineage and Village in the Eastern New Territories, Hong Kong*），以及許舒博士（Dr. James Hayes）的《一八五〇年至一九一一年之香港地區》（*The Hong Kong Region 1850-1911*）與《香港之鄉村社區研究與主題》（*The Rural Communities of Hong Kong Studies and Themes*）。

族譜學的發展，對新界鄉村的歷史研究甚為重要。自羅香林師倡導以族譜研究香港史以來，香港大學馮平山圖書館及孔安道圖書館、香港中文大學圖書館，以及美國猶他家譜學會（The Genealogica Society of Utah）與香港大學亞洲研究中心合作，有系統地搜集族譜及同鄉會、宗親會的會刊；個人方面，日本的多賀秋五郎及田仲一成，香港的科大衛、許舒、夏思義（Patrick Hase）、業師林天蔚、家兄蕭國鈞及筆者等，皆有搜集。在所獲的族譜中，不乏香港地區古代歷史的重要線索，尤以清初遷界時新安縣的界址，以及遷復界實情的民間記錄，甚為珍貴。近年，各學者正着手從族譜研究香港的前代歷史。[1]

1 多年前，筆者與家兄合著《族譜與香港地方史研究》；一九九一年，筆者曾著《新界之五大家族》及《香港新界之家族發展》兩書，皆從族譜研究前代新界地區的發展。此外，香港大學歷史研究室主任冼玉儀博士對東華三院及香港的同鄉會、宗親會等組織，也有深入的研究。

圖 6-2 筆者（右）與摯友許舒博士（Dr. James Hayes）及曾一民教授（左）（攝於一九七八年）

近年，港人對外資財團在香港的經濟發展史，亦多研究；此類研究可分財團自己組織寫作的發展史，以及外人以財團的檔案撰寫該財團的歷史；前者以柯立斯（Maurice Collis）所撰寫的《滙豐》（*Wayfoong*）（一九六五年出版）及景復朗（Frank H. H. King）主編的《東方的金融業》（*Eastern Bankings: Eassays in the History of the Hong Kong and Shanghai Bankikng Corporation*）（一九八三年出版）為代表；後者有張榮洋的《怡和》及克里斯偉爾（C. Crisswell）的《大班：香港之商業王子》（*Tai Pan: Hong Kong's Merchant Princes*）。

考古研究工作亦較前發達，除香港考古學會仍不斷進行發掘工作外，香港中文大學中國考古藝術研究中心、香港歷史博物館及香港古物古蹟辦事處的考古組等單位，均有進行發掘工作，出土文物除供展覽外，並就發掘成果多次舉辦學術討論會議，[1]對香港上古歷史研究，甚有幫助。

港人對華人社會的形成、演變及其資本的發展情況，甚為注意，早期曾有三數名人史略的著作，但均嫌簡略。近年，學者對此更為重視，除西方學者發表的論文外，華人中亦有梁濤（筆名魯金）、章盛、齊以正、黃文湘及黃霑等撰寫了頗多香港華人名流傳記；可惜此等著述多重故老流傳的掌故資料，帶有趣味性及通俗性，部分內容的可信性仍需深入考證。一九九一年，香港《壹週刊》出版了《香港百人誌》，其中載自開埠至今香港一百位名人，頗有參考價值。

五 回歸後的香港史研究

一九九七年香港回歸中國，成為特別行政區。回歸前，香港的社會及經濟情況，已略有改變，一些外資財團撤出香港，部分公司進行改組；此等財團或公司多有撰寫其發展史。[2] 加以其時香港社會日趨繁榮、內地日趨開放，故不只香港學者對香港歷史研究興趣日濃，內地學者亦加入參與研究。[3]

其時，香港史研究如百家爭鳴，古代、近代、二次大戰期間、地區、鄉村社會、企業發展及掌故等各方面之研究，皆甚發達。因應一九九七年香港回歸中國，中港的政治及經濟問題也成為時人關注的焦點。

1 會議後，所發表的報告論文，多已結集出版。

2 企業發展史之著名者，有《香港油蔴地小輪船有限公司七十週年特刊》及 David Johnson 的 *Star Ferry: The Story of a Hong Kong Icon*。

3 內地學者之著述，有余繩武及劉存寬《十九世紀的香港》；余繩武及劉蜀永《二十世紀的香港》；及黃鴻釗《香港近代史》。回歸後出版較完善之香港歷史資料記錄，有陳昕及郭志坤《香港全紀錄》；拙與劉蜀永合著《香港歷史圖説》；及拙與湯開建等合著《香港 6000 年：遠古——1997》。

考古研究工作亦較前發達，除香港考古學會仍不斷進行發掘工作外，香港中文大學中國考古藝術研究中心、香港歷史博物館及香港古物古蹟辦事處的考古單位，聯同內地多處地方的考古隊，進行發掘工作。除展覽出土文物外，並多次舉辦學術討論會議，有關報告和論文等亦多編印出版，[1] 對香港上古歷史研究甚有幫助。

回歸之前，港府對香港歷史教學並不重視，除香港大學及香港中文大學開設香港史專題外，中小學並無香港歷史教學，中六的高級程度及高級補充程度課程雖設有歷史科，但只供選讀。二十世紀九十年代初，教育當局就中學歷史科編訂《香港歷史教材套》，供中一至中三教學用，惜其時參與香港歷史教學的中學不多，故成效不大。一九九六年，香港教育署建議學校採用的中一至中三歷史科課程綱要，每級的課程內容均加入香港歷史課題；一九九七年的中一至中三歷史科課程，亦嘗試推行香港歷史教育；香港課程發展議會亦編訂教學資料冊，以及製作教學光碟，輔助教師進行香港史教學。二〇〇〇年初，教育署常識組亦已出版教學資料及教學光碟，供小學教師於課堂上教授香港歷史。此舉希望能使香港之學子，對香港本土之歷史，有一正確的認識。

此外，香港歷史博物館、香港古物古蹟辦事處，以及民間團體也經常舉辦香港歷史講座及史蹟考察活動。[2] 各大學近年亦多次舉辦香港歷史研討會，且將會上之論文輯錄成書。旅遊人士對新界現存之古蹟文物興趣日濃，而香港旅遊發展局亦有舉辦新界訪古旅行，及印發小冊子以介紹香港掌故和史蹟資料，供外地來港之遊人閱覽。

社會團體對香港歷史之推廣，亦不遺餘力，各區議會皆成立編輯委員會，聘請學者編輯該區之風物志，記錄及研究區內的古蹟文物及風俗，對日後研究香港各區的風俗歷史，甚有幫助。[3]

六 小結

自香港地區英屬後，港人對香港之歷史已甚注重，惜初期研究者不多，資料缺乏，故成果不豐。其後，外籍官員於工餘時間，以西洋之考古技術，從出土文物中研究香港歷史，頗有成就，惜其時仍缺乏華文史料以為助，故早期的香港歷史研究，仍然有所不足。

1 香港古物古蹟辦事處《香港文物六千年展覽特刊》；及《馬灣東灣仔北考古收穫特刊》，詳載香港近十年來之考古成果。此外，該辦事處亦已推行全港歷史文物普查，所獲資料現正整理中。

2 香港歷史博物館為市民舉辦周末香港歷史專題講座，及於周日舉辦香港史蹟文物考察。香港古物古蹟辦事處籌組「文物徑」，並印製小冊子，供人遊訪考察，已完成者有「屏山文物徑」、「中西區文物徑」及「龍躍頭文物徑」等。民間團體如香港中華文化促進中心，亦有舉辦香港歷史講座及香港史蹟文物考察。

3 元朗、北區、屯門、大埔、沙田、西貢、黃大仙、青衣、荃灣、離島及油尖旺等區，以及港島的灣仔、東區、中西區、南區及銅鑼灣等區的風物志，皆已出版。

戰後，內地政治形勢轉變，大量學者南遷本港，分別任職大學教授或報刊編輯，此等學者以其前時在內地研究所得，對香港前代宋明間之史事，作深入研究；同時，外國學者亦以政府之檔案資料，對香港英屬初期史事，作詳盡的研究。民間學術社團的出現，其舉辦之活動，對推動香港歷史研究，亦起着重大作用。

二十世紀七十年代以後，香港社會日趨繁榮，加以內地漸趨開放，不只香港學者對香港歷史研究興趣日濃，內地學者亦有參與研究。回歸之後，香港歷史研究之風更盛，從古代至近代；內容包括地區、鄉村社會、企業發展、文物考古，以至政治、經濟、掌故等多方面之研究，皆甚發達。如今，香港研究已不僅局限於歷史研究了。

研究香港前代史的華文資料

一　可供研究香港前代史的華文資料

香港地區自古人口稀少，至唐宋間，中原人士南遷，區內的土著始得與之同化，共同發展；至明代時，其經濟日漸重要，人口亦增；可惜清初遷海，居民皆被迫遷回內地，房屋皆被拆卸，田地荒廢，前代文物蕩然無存。復界後，原住民相繼遷回，其後客族大量入遷，主客兩族合力重建家園，發展社會；今日香港所存的古建築及文物，都是復界後重修或建造之物。此等仍存的古物，對研究當時社會的經濟、民生及建築，皆甚有價值。

香港地區古代隸屬簡表

朝代	所屬地區	軍事隸屬	民事隸屬
唐虞	南交	—	—
三代	揚州的南裔	—	—
嬴秦	南海郡番禺縣	—	—
兩漢	南海郡博羅縣	—	—
西晉	南海郡博羅縣	—	—
東晉	東莞郡寶安縣	—	—
南北朝	東官郡寶安縣	—	—
隋	廣州府寶安縣	—	—
唐	廣州府東莞縣	屯門鎮	—
五代	興王府東莞縣	屯門鎮	—
南漢	廣州府東莞縣	媚川都	—
宋	廣州府東莞縣（曾改屬增城縣）	北宋初：靜江軍（其後改摧鋒軍）	官富巡檢司

（續表）

朝代	所屬地區	軍事隸屬	民事隸屬
元	廣州路東莞縣	—	屯門巡檢司
明	初屬：廣州府東莞縣 萬曆元年 （一五七三年） 後：廣州府新安縣	初：南海衞東莞所 嘉靖（一五二二至一五六六年） 後：南頭寨	官富巡檢司

一般史籍對香港前代史的記載不多，原因是香港只是彈丸之地，且對歷代中央的影響不大。但研究其前代史的華文資料，仍有不少，概而言之，有下列多類：

官方文獻：包括歷朝實錄、皇帝詔令、會典及官員奏議等。

地方志籍：包括省志（通志）、府志、縣志、鄉志等。

時人筆記：包括官員及平民的筆記。

家族譜牒：包括族譜、家譜、家族記錄等。

銘刻文：包括示諭碑，廟宇、寺觀、祠堂及其他公共建築的創立及重修碑、名賢墓碑等。

口述歷史：耆老相傳的掌故等。

城東南八十四里城南十五里曰赤灣山又二十五里清山又二十五里海中大
嶼山去城南六十里城西北十五里曰講古嶺一名史鼓嶺又六里鳳凰巖又西北逾
永平河爲大王山去城西北二十二里城北二十里曰烏石巖又十七里禾鷄
嶺北界東莞縣去城北三十七里城東北十七里曰陽臺山又東黎屋山北十里爲白
花洞山北界東莞縣東十里爲獅頭嶺緜亘而南白石隴其東十二里阿婆峯又東北
十里蓮花逕東北界歸善縣西北界東莞縣去城東北四十七里縣丞屬大鄉二曰四都內小村十一屬縣丞者三餘屬
九龍司福永司及典史有大鵬所城大鵬協左營中軍都司所駐有新墟市東南濱海七都內小村二百六十四屬縣丞者九十八餘屬九龍司福永司及典史往來大道有王母墟葵涌墟老大鵬汛麻雀汛北界東莞縣東
界歸善縣南濱大海九龍司駐九龍寨屬大鄉七曰一都內小村十九屬司者六餘屬典史二都內小村三十四屬九龍司者十三餘屬福永司及典史往來大道有深圳
墟汛衙前圍曹屋甸三都內小村五十九屬九龍司者十一餘福永司及典史往來大道有培風墟清溪墟苦草洞墟汛北界東莞縣四都內小村十一屬司者五餘屬縣丞福永司及典史北界東莞縣五
都內小村十有屯門汛南濱大海六都內小村三十二往來大道有元朗墟沙頭角墟大埔墟蕉逕汛南邊圍葵屋圍西邊圍新圍子七都內小村二百六十四屬九龍司者一百四十五餘屬縣丞福永司及典史
往來大道有九龍寨城大鵬協水師副將所駐原設參將駐大鵬所道光二十五年移駐隸水師提督東涌所城大鵬協右營守備所駐有鹽田墟汛新香洋藥稅廠有大圍木湖圍南濱大海福永司駐福永村屬
大鄉四曰二都內小村三十四屬福永司者五餘屬九龍司及典史有黃田市固戍市烏石巖墟西濱大海三都內小村五十九屬福永司者三十五餘屬九龍司及典史往來大道有橋頭墟

廣東圖說 卷一 四十三 粵東編譯公司承印

圖 6-3 清宣統《廣東輿地圖說》卷一〈廣州府〉之新安縣

中勢同壓卵蕩平之後伐山開道大州縣以治之
移一二屯所若南流青寧等處以守之不過數年
可使盡入版籍化為編民斯亦王者無外之舉也
禁鑿石礪
廣州東有石礪山在滘洲之下虎門之上高數十
丈廣袤數百頃其勢自大庾而來一路崇岡疊嶂
以千數如子母瓜瓞纍纍相連人村大者千家小
者數百自廣州治至茭塘大嶺凡百餘里皆在瓜
蔓之中互相鉤帶或遠或近或合或離血脈一一
相貫以受地靈蜿蜒磅礴之氣山至虎門則聳為
大獸者五以收海口而控下關有一浮蓮塔上矗
廣東新語《卷二 地語
雲霄與赤岡滘洲二塔東西相望為牂牁大洋之
捍門南越封疆之華表蓋一郡風水之所繫焉者
也比者奸徒盜石羣千數人於其中日夜錘鑿不
息下至三泉中訇千穴地脈為之中絕山氣為之
不流一峰之肌膚已剝一洞之骨髓復竊土衰火
歇水泉漸隻無以興雲吐雨滋潤萬物而發育人
民此愚公之徒太行而山神震懼秦皇之穿馬鞍
而山鬼號哭者也崇禎間嘗勤有司之禁所以為
天南培植形勢其意良厚今宜復行封禁毋使山
崩川竭禍生災沴是吾桑梓之大幸也
遷海

粵東瀕海其民多居水鄉十里許輒有萬家之村
千家之砦自唐宋以來田廬丘墓子孫世守之勿
替魚鹽蜃蛤之利藉為生命歲壬寅二月忽有遷
民之令滿洲科爾坤介山二大人者親行邊徼令
濱海民悉徙內地五十里以絕接濟臺灣之患於
是麾兵折界期三日盡夷其地空其人民棄貲攜
累倉卒奔逃野處露棲死亡載道者以數十萬計
明年癸卯華大人來巡邊界再遷其民其八月伊
呂二大人復來巡界明年甲辰三月特大人又來
巡界遑遑然以海防為事民未盡空為慮皆以臺
灣未平故也先是人民被遷者以為不久即歸尚
廣東新語《卷二 地語
不忍舍離骨肉至是飄零日久養生無計於是父
子夫妻相棄痛哭分攜斗粟一兒百錢一女豪民
大賈致有不損錙銖不煩粒米而得人全室以歸
者其丁壯者去為兵老弱者展轉溝壑或合家飲
毒或盡帑投河有司視如螻蟻無安插之恩親戚
視如泥沙無周全之誼於是八郡之民死者又以
數十萬計民既盡遷於是毀屋廬以作長城掘墳
塋而為深塹五里一墩十里一臺東起大虎門西
迄防城地方三千餘里以為大界民有闌出咫尺
者執而誅戮而民之以誤出牆外死者又不知幾
何萬矣自有粵東以來生靈之禍莫慘於此戊申

圖 6-4 清屈大均《廣東新語》卷二〈地語〉

二　華文資料中的香港前代史料

上述六種華文資料，其中有不少有關香港的史料，現從每種各舉數例以說明：

官方文獻

九龍司設置的年代：清沿明制，在新安縣南部設置官富巡檢司，衙署位於赤尾村，香港地區屬該司轄管。其後，以香港地區人口日增，地位較前重要，故移官富巡檢為九龍巡檢，衙署設於九龍寨城內。至於移官富巡檢為九龍巡檢的年代，據《大清會典》中載，為道光二十三年（一八四三年）。[1]

尖沙咀炮台及官涌炮台的設置：道光二十年（一八四〇年）三月，林則徐與鄧廷楨議建尖沙咀炮台及官涌炮台。林則徐的奏摺中載，該兩炮台於四月底竣工，位於尖沙咀的稱懲膺炮台，在官涌的名臨衝炮台。[2] 尖沙咀炮台工料銀為一萬七千九百五十一兩，官涌炮台則為四千零四十六兩，兩項開支，均從嘉慶十四年（一八〇九年），供前山營兵餉用的款項中動支。[3] 翌年，朝廷以兩炮台孤處海外，因令撤防。[4] 其後，英軍佔據該兩炮台，以炸藥轟毀官涌炮台，尖沙咀炮台則被拆卸，磚石被運往港島，供建築用。

大嶼山大澳舖戶私鑄鐵炮：關天培在道光十六年（一八三六年）的稟稿中，指其部屬於是年正月查得大澳涌同合舖戶陳亞辛造有熟鐵九節劈山炮三門及三把連炮一門。其時，私造炮械，實關例禁，故即照會新安縣，速提該舖舖主及夥伴嚴審。[5]

地方志籍

屯門鎮的所在：屯門鎮創設於唐開元二十四年（七三六年）正月，駐兵二千人，為一邊區軍鎮；它包括的地域，據清顧祖禹《讀史方輿紀要》所載，為南頭城至屯門之間，香港西北部的后海灣及元朗平原一帶，皆在其轄區內。[6]至於該軍鎮的治所，據《大明輿地名勝志》所載，位於南頭城之地，[7]但是否在今之城內，則有待考證。

1 清《欽定大清會典事例》，光緒二十五年（一八九九年）刻本，卷三十一〈官制〉，道光二十三年（一八四三年）條。

2 清林則徐《林則徐集》〈奏稿十〉，道光二十年（一八四〇年）三月二十六日之〈尖沙咀官涌添建砲台摺〉。

3 同上。

4 〈勘建九龍砲台文牘選四復勘九龍寨山海形勢古蹟等稟〉，載《近代史資料》，總七十四號，中國社會科學出版社。

5 《道光關天培籌海初集》卷三，道光十六年（一八三六年）正月之〈拿獲私鑄鐵砲諮請嚴辦稿〉。

6 清顧祖禹《讀史方輿紀要》卷一百一〈廣東二〉之新安縣梧桐山條。

7 清曹學佺《大明輿地名勝志．廣東名勝志》卷一〈廣州府〉之新安縣條。

元代香港地區的社會及經濟情況：據元陳大震《南海縣志》所載，元初在香港及鄰近地區，設置屯門巡檢司，衙署位於屯門寨，以巡檢一員，率寨兵一百五十人駐守。[1]其時，香港西北部的后海灣，以及東部西貢半島北岸的青螺角及荔枝莊，均盛產鴉螺珍珠。[2]

明代香港濱海地域及各離島的聚落分佈情況：明代期間，香港地區的人口眾多，村落散佈濱海地域及各離島。明郭棐《粵大記》之《廣東沿海圖》的香港部分，已有香港境內的聚落地名凡七十四。圖中繪有香港、鐵坑、舂磑、赤柱、大潭、稍箕灣及黃泥涌等村落，[3]可證其時「香港」一名，實指香港村（今港島南部黃竹坑之地）；有關其得名的各種傳說實誤。

時人筆記

香港在清初遷海期間的情況：康熙元年（一六六二年）厲行遷海，香港地區位於被遷境內，西北自新田等村為起點，東北以沙頭角等村為起點，南部各鄉村都在被遷之列，香港島及鄰近各離島亦曾一度荒廢；記載此事較詳盡的，有杜臻的《粵閩巡視紀略》。[4]此書所載被遷各村名稱及其所在，較同時期其他文獻詳細。

張保仔與香港的關係：張保仔為清嘉慶（一七九六至一八二〇年）初年廣東珠江三角洲一帶的著名海盜，與香港有關的傳說甚多，但據温承志的《平海紀略》及袁永綸的《靖海氛記》所載，[5]可更正下列各點：

- 張保仔並非紅旗盜幫盜首，實為盜首鄭一嫂手下的頭目。[6]

- 紅旗盜幫的巢穴並非香港的大嶼山，而是位於廣東省湛江市南部的㴩洲及硇洲兩島。[7]
- 紅旗盜幫並無擄掠香港地區，其掠劫地區集中於珠江三角洲的西岸；其船隊最東抵達赤鱲角海面，故港島赤柱曾為其營盤之說實誤。[8]
- 張保仔非大奸大惡之徒，他御下甚嚴，事上謹，對敵寬仁，故能為當代名盜，歸降後且能見用於朝廷。[9]

1 元陳大震《南海縣志》卷十〈兵防〉之巡檢寨兵條。

2 同上卷七〈物產〉之寶貝條。

3 明郭棐《粵大記》卷三十二〈政事類〉之海防卷末《廣東沿海圖》。

4 清杜臻《粵閩巡視紀略》卷二，康熙元年（一六六二年）畫界條。（按杜臻時為工部尚書，受命南下粵閩巡視，並負責招撫事宜，本書為其沿途的見聞。）

5 溫承志當時為道員，隨總督百齡平海盜，並受命同往掃蕩餘盜，收復盜巢㴩洲、洲等各島；袁永綸時居順德，目睹及身受桑梓被摧殘，四鄰被害。其後歷朝方志編撰時，多引用此二書所載。

6 清袁永綸《靖海氛記》上卷，頁五。

7 同上，頁四。

8 同上，上卷，頁七至二四；下卷，頁一至二四。

9 清袁永綸《靖海氛記》上卷，頁五、六、八及清戴肇辰《廣州府志》卷一百六十二〈雜錄〉三引《譜荔軒筆記》之劉某條。

元末香港地區人士抗元：元末，群雄並起，至正十五年（一三五五年），香港新界及鄰近地區已有多股抗元義師。據《盧江郡何氏家記》所載，至正十九年（一三五九年），何真以其部併其他各部，統一東莞及新安地域，新界的黎洞、林村及岑田等地的居民，亦加入何真部眾，保鄉反元。[1]

家族譜牒

錦田鄉得名的由來：錦田《鄧氏師儉堂家譜》中的〈錦田鄉歷史〉一文載：「至岑田易名為錦田之由，則因萬曆十五年（一五八七年），寶安（舊稱新安）旱災，義倉盡罄，知縣邱公體乾下鄉籌賑，各處捐助，少者三數石，多者亦不過二三十石，獨洪儀祖之七代孫元動公慷慨捐穀三千石，備受褒獎。邱公見吾鄉土地膏腴，田疇如錦，遂易名曰錦田。」

龍躍頭鄉在清初遷海移村的苦痛：龍躍頭《温氏族譜》中温煥泰的〈移村記〉云：「插旗定界，拆房屋，驅黎民遷歸界內；設墩台，鑿界埂，置兵禁守，杜民出入，越界者解官處死，歸界者糧空絕生。祖孫相承之世業，一旦擯之，而猿啼死生，世守之墓宅，一朝舍之而鶴唳。家家宿露，在在鳩形；初移一次，尚有餘粟，再移之後，曾幾晏然。」由此可見，遷海令的實施，使龍躍頭鄉的居民流離失所，家散人亡，界內者亦受其害。

大埔太和市成立的年代：大埔碗窰《馬氏族譜》中載：「光緒十九年（一八九三年）二月二十五日甲寅興工建基，建太和市，七月初八日開市。開市之日，白米每斗二毫七仙至二毫八仙，魚蛋仔每斤八文。」大埔太和市即今之大埔新墟，其創設年代，前無史料可稽，從該族譜所載，當為光緒十九年。

銘刻文

復界初期主客兩族的土地爭訟：雍乾期間（一七二三至一七九五年），客族自外地遷入香港地區，除領耕官田外，亦有向原地田主領田佃耕；乾隆（一七三六至一七九五年）初年，土地爭訟，時有發生。塔門洲天后古廟內乾隆八年（一七四三年）的《葉徐送產碑》，[2] 以及大嶼山東涌侯王宮內乾隆四十二年（一七七八年）的《大奚山東西涌姜山主佃兩相和好永遠照納碑》，詳載主佃土地爭訟案例兩則。[3]

大埔舊墟的創設年代：據原嵌大埔舊墟孝子祠內光緒十八年（一八九二年）的《寔貼大埔曉諭》告示碑所載，該處的孝子鄧師孟祠，建於明萬曆年間（一五七三至一六二〇年）；清康熙十一年（一六八〇年），始於孝子祠側立墟開舖，招賈營生；該墟的出息，為供孝子

---

1 明何崇祖《盧江郡何氏家記》，至正十五年（一三五五年）及十九年（一三五九年）兩條。何崇祖為明初東莞伯何真的五子，此書為其追記其父反元、降明及其後各子散居東莞和寶安各地的情況。

2 該碑現嵌於塔門洲天后古廟大門內壁上，碑文見科大衛等合編《香港碑銘彙編》第一冊，頁二一七，香港市政局，一九八六年。

3 該碑現存大嶼山東涌侯王宮右殿內，碑文見前書，頁四三。

祠糧祀之用。由此可知，大埔舊墟創建的年代及緣由。[1]

群帶路為開埠初期港島中區維多利亞城的官名：群（裙）帶路，亦稱裙大路，為明末清初香港島的總名。英人抵港後，自香港仔石排灣，沿薄扶林至中區維多利亞城，建一馬路，長二十三哩，一八四六年完成；沿途豎立長條石路碑，每若干哩豎碑一條，向石排灣者刻有「石排灣若干里」字樣，向中區者上刻華文「群帶路若干里」，英文則為Victoria ×× Miles。其後建築赤柱至中區馬路，沿途亦立有石里程碑，各碑向赤柱者上刻「赤柱若干里」（Stanley ×× Miles），向中區者刻「群帶路若干里」（Victoria ×× Miles）。由此可見，自港島英屬後，「群帶路」一名，實即維多利亞城，即今之中區商業地帶。[2]

口述歷史

口述歷史在研究香港前代史中，亦佔一重要地位。有些史料，若在文字記錄中未能獲取時，則可借助耆老相傳的掌故，作為其他史料的佐證，亦可由此引起對某一史實深入研究。[3]不過，此類資料因輾轉相傳，或有誇大，或會誤傳失實，[4]故在選材引證時，必須小心。

三 小結

一八四二年以前的香港，為一純華人社會，其歷史資料散存各類華文記錄內，至今仍保存者，以經濟及軍事資料為多。我們若能從上述各類資料中，找出有關香港的史料，加以整理，互相比較、考證，對香港前代的歷史，可得較深的認識。

---

1 該碑已失，碑文見前書，頁二五〇至二五一。

2 帶路里程碑，香港歷史博物館亦有收藏，供展覽用。薄扶林村內一石屋的牆基下及大潭水塘郊野公園內，仍存此類里程碑，可供遊賞或研究。

3 據故老相傳，謂因宋末淺彎（今荃彎）一帶鄉人，曾於該地建築石城，抵抗元兵侵略；至清初，該處鄉人亦曾據此城抗清，事敗，城牆被毀，城門則僅餘二大石墩。史籍載，清初李萬榮曾據惠州及新安等地抗清；當時香港地區屬新安縣，故該城被疑為李萬榮部屬用以抗清的據點。此說雖無文字記載，但仍可作為本區前代居民累代皆有濃厚民族精神的佐證，亦可引起我們對該史事作深入研究。

4 青山之巔，有「高山第一」古石刻，旁有「退之」二小字，世傳謂唐代韓愈（字退之）遊屯門時所手書，並命工刻於山上。韓愈曾否南避屯門，先師羅香林教授早已撰文否定；而南陽《鄧氏族譜》中載，謂該四字為北宋鄧符協摹韓愈墨寶的刻石，可證傳說實誤。

田野考察與香港史研究

香港自一八四二年開埠，最終成為中西文化交流之地，其間之中西歷史文字記載頗豐。一八四二年以前的資料，則頗為貧乏，惟吾人仍可從考古發掘所獲之出土文物，研究從石器時代到漢代之歷史，及從現存文物、有限的中文文獻及田野考察所獲得的資料，研究香港的鄉土歷史。

一 田野考察可獲得的香港歷史研究資料

文字記載資料

吾人於田野考察中，可訪獲前時官員及民間之私人記錄、筆記、日記、族譜、家譜及家族記錄等文字記載資料，以及在廟宇、寺觀、祠堂及其他公共建築內之示諭碑及重修碑，[1] 銅鐘、神器上之銘文，荒野陵墓之碑石[2]及題壁等，皆為歷史記錄。

口頭流傳資料

與鄉間父老、長者等談話訪問，可獲得當地之歷史、風俗掌故、民間流傳之故事，祀奉神靈之神話、民歌（包括山歌、鹹水歌、兒歌、戀歌、哭嫁歌等），[3]諺語（包括農諺、格言），隱語、咒語等口頭流傳之口述歷史。此等資料，為其世代相傳，亦有為其世代經驗積累，可作研究當地歷史之資料。[4]

實物流傳資料

從考古發掘所獲之出土文物，[5]及鄉間仍存之文物，如用器（包括石器、銅鐵器、漆器、陶瓷器等）、武器（火槍、炮）、服裝、飾物（頭飾、雕刻玩物）、玩具（棋、土製玩具）、範模（製銀之鑄範）、禮器（廟祠內陳設之供具及用具）、法器（寺觀內陳設之用具）、明器（陪葬用品）及樣子（亦稱藍圖，建屋工匠之圖樣）等，可見一地之居民生活情況，亦可作研究當地歷史之資料。

---

1 大嶼山東涌侯王宮左殿壁上之示諭碑，詳載該區在清乾隆年間（一七三六至一七九五年）主佃爭鬥的事情。新界元朗廈村鄧氏宗祠內之鼎建惠贄二公碑，詳載鄧氏入遷廈村及其在該地之發展。

2 新界元朗凹頭鄧惟汲墓，其墓碑上詳載錦田鄧族之源流及在新界元朗各地之發展。

3 如新界西貢之客家山歌及大嶼山大澳蜑民之鹹水歌，可反映該地居民之社會生活習慣。

4 此外，有等地方民間流傳之竹枝詞，如沙田之竹枝詞，能顯示該地居民之社會生活習慣。

5 從香港多次考古發掘出土之新石器文物，可證香港已有六千年以上之歷史。

藝術流傳資料

書法、繪畫、雕刻、照片、唱片、音樂、戲劇（曲本、劇本）、唱本（木魚書、龍舟歌、南音、粵謳）等，皆能反映當地留存之社會文化，可作研究當地歷史之資料。

古蹟

廢址及遺址（窰址、採石場遺址、鹽場遺址）、城堡及炮台（城寨、軍營）、戰場、革命遺址、公共建築（廟、寺、觀、祠堂、學校、塔、牌坊、門樓、旗桿石、紀念碑）、園圃（花園、名園、亭台）、道路、橋樑、堤壩、墓穴（名人墓穴）、村落（圍村、圍屋、民房、名人故居、井、泉等古蹟多有其歷史背景），皆可作研究當地歷史之資料。[1]

二　資料搜集及整理

作田野考察、資料搜集、訪問、記錄、拍照、繪圖等工作時，當腦筋敏銳，能耐煩苦，小心記錄及選擇資料，注意其歷史及藝術價值，以及其歷史與社會文化感受。對宗教及信仰之資料，當辨其真偽，以免訛傳。

民間流傳之掌故，部分為訛傳，[2]有明知其偽而仍書，有虛構之偽事，或為言之過當、增飾之事實、事蹟純為寓言、借一事以記其理想及借史實而虛構。此外，受訪者之不合作、失去過去之記憶，或因懷舊主義與個人感情而扭曲事實，或受現實生活、性別、階級、民族及種族差異之影響，致未能真實反映過去之歷史。故訪問口述所獲之資料，實不足以盡信。吾人當注意所獲資料本身之正確性，所獲口述歷史之可靠性，及所獲民間流傳掌故之正誤。

資料整理之法，常用者為比較、分類、歸納及演繹。注意分辨資料之真偽，可以有兩種或以上之記載證明，可以史料或時代作反證，亦可以物證或理證。若無確證以釋疑者，寧暫擱置不談待證，並當採「老吏斷獄」之態度，切勿輕言。[3]

---

1 香港地區仍存之古蹟不少，部分已由香港古物古蹟辦事處編成文物徑，且印製小冊子或單張派發。此外，學校老師亦於推行專題研習時，指導同學進行田野考察，編製文物徑，並對古蹟文物作深入研究。

2 新界鄉間之祠堂，多訛傳為有六百多年之歷史。香港之天后古廟或天后宮，多訛傳為建於宋代。

3 田野考察所獲之資料，可為正史之佐證，或可補正史之不足，惟需小心考證。

圖 6-5 九龍寨城衙門內

圖 6-6 港島赤柱軍人墳場內二次大戰殉職英軍墓地

族譜與香港史研究

一　中國族譜學之發展

族譜為各姓氏先祖源流之記錄，以及該氏族子孫分佈與血統關係之一種家族檔案。其修撰起源於周，[1]至唐代大盛。其時朝廷設官撰譜，並屢詔修撰與姓氏譜系有關的專書，新興士族亦重視譜乘。[2]

自李唐至朱明期間，譜系之學脫離官府，[3]各姓自撰族譜，除記錄源流與宗支世系外，亦有以「時、地、人」而自為擴充，內容日漸豐富。

清初因忌漢人於族譜內寄託民族思想，故詔改譜中一切僭妄字句，至《四庫全書》及《清史稿》亦無明列譜系門，惟此時民間修譜之風仍盛。

民初，各地之巨室名門，及新興家族，亦多注意修譜。迄新文化運動發生，部分學者以家族制度為不足道，故漸被忽略。至一九四九年後，中國內地發生空前的巨變，特別是經歷文化大革命後，各族姓所存之族譜，多已被毀。

如今各地所藏之族譜，多為清代至民國間所修，此等族譜或存於祠堂，或由各房族長保存，其繕寫之罕本，或刊印數量極少者，則必須標明領譜人之房派、領譜條件以及保養規約。

二　香港地區之族譜收集

香港大學馮平山圖書館

馮平山圖書館於一九二九年由馮平山先生所創，目的為促進香港地區的中國學術文化研究，一九三一年動工興建，翌年落成。一九六一年香港大學圖書館新址落成，馮平山圖書館於次年遷入新址四樓，原址則改為馮平山博物館。

馮平山圖書館收藏之族譜甚豐，以廣東及香港新界各族姓氏為最多，為研究新界各族姓之源流、遷移歷史等文化研究，提供極有價值之資料。

1　周設小史，為記事之官，不特負責譜牒記錄，且負鑑別親子繼承之責。

2　唐代科舉，必考譜籍或簿狀，且設官撰譜，新興士族之重視譜乘，蓋政府以之為官員甄敘典範也。

3　其時朝廷任官不再稽考簿狀，譜牒之重要性遂失。

美國猶他家譜學會（The Genealogical Society of Utah）

美國猶他家譜學會，於一八九四年成立，總部設於美國猶他州鹽湖城東北廟街五十號（50 East North Temple Street, Salt Lake City Utah, 84150, U.S.A.）基督末世聖徒教會（The Church of Jesus Christ of Latter Day Saints）二十層高之大廈內，其行政辦公室及圖書館面積約一千三百多平方米，所藏資料包括公民登記簿、人口統計調查表、教區記事錄、地契、遺囑、稅收案卷、公證人檔案、族譜、方志，及其他一切與人事有關之資料。

從一九三八年起，該會把從各地搜集得之資料，以微粒菲林縮影方法，製成膠片菲林收藏；其後於落磯山脈（Rocky Mountains）距鹽湖城約二十公里處，建一花崗岩洞庫，收藏此等膠片菲林。一九五八年選定洞址，一九六一年施工，歷時四年，於一九六五年底全部完工，建築費共二百萬美元。現時，該會所藏之微粒膠卷共約二百萬卷，來自約三千餘不同的家系。該會所藏有關香港之資料，則收藏於該會在香港九龍塘之資料庫。

香港中文大學聯合書院圖書館

二十世紀六十年代末期，香港中文大學聯合書院師生曾於新界進行口述歷史研究，並收集歷史文獻，包括族譜、民謠及一切與人事有關之資料，整理成多冊新界文獻，藏於該院圖書館，副本則藏於香港中央圖書館及香港大會堂圖書館。

其他大專院校

香港科技大學、香港城市大學及珠海學院等亦有進行口述歷史研究，也有收藏從中所獲得之族譜。

其他

香港古物古蹟辦事處、香港歷史博物館、香港各大社團及個別人士亦有收藏族譜。

三 族譜中所見之香港史料

各姓族譜中詳載該族之世系傳統、遷移情況、分房子孫之活動與事功，及其鄉村、祠宇、廟壇等公共建築之創建史料。此外，香港各姓族譜中，亦有記載有關香港之史料，茲舉數事，以為例證。

宋鄧惟汲之受封稅院郡馬及本港新界鄧氏多其後人

新界廈村《鄧氏族譜》之鄧銑條載：「銑，字元亮，……公天性忠義，慷慨有志氣，敢為，遇宋建炎紹興（一一二七至一一六二年）之時，朝內作亂，而勤王詔下，公提兵入朝，以保江山。遇宋幼姬於兵燹塵中，奉之以歸，與子惟汲，得尚高宗皇帝姬，受封稅院

論遺失數代一事

關於遺失數代之傳說詳加以推考竊以爲極可能有其事今將管見歷陳於下

舊譜載有「康熙元年得國泰安良存註十六世祖是日玄字推排」又載「今據故老相傳云清初海氛未靖遷民以避輾轉流亡……因而遺失數代」余學識譾陋未審國泰安良存註是何所出但十六世祖是日玄字推排則似明示日玄祖爲十六世而故老相傳遺失數代想當不至杜撰事實今細從舊譜探討十世前一段東莞吳家涌一脈都詳有記載是成達祖携同南下者無疑自後最遲亦於十九世仕高祖或二十世臣任祖再有修譜事雖然十一世十六世及十七世都有記載但不能否定是否日後補記故未敢肯定有修譜然十八世位榮祖十九世仕高祖等之生死年月日詳有序述若非當年入册三代以後鮮能記及故敢假定必有修譜十九世二十世與十六世相去不過三四代當時傳說應詳實可靠

族譜上有生年月日記載者自二世祖鼎公之後直至十八世祖位榮公始再有記鼎公生於崇寧元年即公元一一零二年位榮公生於康熙十三年即公元一六七四年相隔五百七十二年假若記載無缺則位榮公與鼎公相隔十二代平均每代相距四十七八年似乖於常規又譜載明初遷新安（寶安）今假設成達祖出生於明初（或可能生早於明初）明建國於公元一三六八年與鼎公相距二百六十六年計有七代平均每代相距卌八年與常情相去不遠而與位榮公則相距三百零六年若以五代計則每代平均相距六十一年於理不合故南遷後有數代遺失之事可信

舊譜云「清初海氛未靖遷民以避輾轉流亡」海氛未靖應是明倭寇禍之誤清初遷界初遷起於順治十八年（一六六一年）復界止於康熙七年（一六六八年）前後七年計是十六世及十七世時代不可能因而有數代遺失倭寇之禍起於明初中葉尤烈在濱海一帶刼掠殺戮慘無人道遠比清初遷界爲甚衙前圍亦濱海故徙避亦非無因倭寇之暴行令人戰慄嘉靖東南平倭通錄有記於正統四年（一四三九年）寇掠浙東一事如下「是年寇大嵩入桃渚官庾民舍焚刼一空驅掠少壯發掘塚墓束嬰竿上沃以沸湯視其啼號拍手笑樂捕得孕婦卜度男女刳視中否爲勝負飲酒荒淫穢惡至有不可言者積骸如陵流血成川城野蕭條過者隕涕」粵雖不及蘇浙閩之甚然寶安附近之侵擾記載亦不少太祖實錄記有洪武十三年（一三八零年）倭寇東莞等縣而新安縣志則有如下之記載

35

嘉靖十二年（一五三三年）海寇許折桂温宗善入寇東莞
嘉靖四十五年（一五五一年）流賊黄西喬等屠劫鄉村
隆慶元年（一五六七年）海賊曾一本入寇
隆慶四年（一五七零年）倭寇流劫縣户
隆慶五年（一五七一年）倭賊攻大鵬所
而番彝入侵亦有數起
宏治六年（一四九三年）番彝入寇東莞
正德十一年（一五一六年）番彝佛郎機入寇佔屯門
嘉靖三十年（一五五一年）海寇何亞八率彝人入寇東莞
天啓三年（一六二二年）紅毛彝闌入大船二隻帆檣蔽空由佛堂門入泊庵下

而人口遷徙縣志亦有記及萬歷元年（一五七三年）原額七千六百零八户男女三萬三千九百七十一口萬歷十年（一五八三年）編審七千七百五十二户男女三萬四千五百二十口萬歷二十一年（一五九三年）居編審七千七百五十二户男女一萬三千二百零二口萬歷三十一年（一六零三年）居編審三千五百七十二户男女一萬六千六百七十五口綜上史實我祖遷徙流亡之説亦可以信

至遺失山墳事茍有移居外地客死他方則遺失自是意中事惟從上段之史實倭寇犯境者除明初洪武十三年外至嘉靖年間始較爲頻密推算大概是位榮祖湖上之第五或六代時代若使日玄祖爲十六世則南遷後應仍有一二代居留寶安但若久未拜祀則湮沒遺失亦屬可能至於從德公等墓因譜有記載且近居處不遠或故得以保存

存註既書十六世祖是日玄字推排而譜系則書日玄祖等爲十一世實令人迷惑費解以余忖度當時修譜者或以日玄祖等無父母之名以至譜系中斷故以日玄祖等作十一世以上承十世而其子作十六世

以上各項只從舊譜之文字間探討假設推想並無事實以佐證但心有所疑不敢不公諸衆共作探討

裔孫文川謹識

一九八五年

圖 6-7 寶安縣衙前圍《吳氏族譜》

三十四世祖（長樂十世祖）諱時耀公妣廖氏生二子尚存尚華

公葬於赤沙嘴坐東向西喝名猛虎下山形廖祖妣與公合葬

陽春譜卅四世祖仲青公（陽春八世祖）

三十五世祖（長樂系十一世祖諱尚存公妣盧氏生三子心雲彩雲登雲

公由長樂水寨遷入惠州府歸善縣駱村開基立業

心雲公仍居長樂水寨

彩雲裔嗣未知遷向何方

登雲公又由歸善駱村移居新安縣東和墟鹿頸圍雞谷樹下開基立業現仍有登雲公祠在此惟已

破爛不堪矣其子孫散居於塔門島者最多

陽春譜三十五世祖珪璋公（陽春九世祖）

三十六世祖（長樂系十二世祖）諱登雲公妣黃張氏子生子壽千公（一作首千公）

公由歸善駱村遷居新安縣東和墟鹿頸雞谷樹下開基立業死後葬於九爐頭（狗爐頭）卜船州

祖妣黃氏葬於屋背書房上嶺

陽春譜卅六世祖式簡公（陽春十世祖）

卅七世祖（長樂十三世祖）諱壽千公妣陳氏生二子茂蓮茂盛

公葬於横山脚左邊陳祖妣葬於連麻坑葉屋左邊
陽春譜卅七世祖映明公（陽春十一世祖）
三十八世祖（長樂系十四世祖）諱茂盛公妣林氏生子三人日英日新日輝
公葬於竹頭窩林祖妣葬於園三排
公兄茂蓮公妣曾氏公葬於解仔嶺喝名蛇形曾祖妣葬於本地左邊上角
陽春譜三十八世祖達經公（陽春十二世祖）
三十九世祖（長樂系十五世祖）諱日新公妣宋氏生二子有信有惠
公葬於白沙凹左邊宋祖妣葬於秧脚田面上
日英公遷至虬圓禾輋立業
日輝公佚記
陽春譜卅九世祖維立公（陽春十三世祖）
四十世祖（長樂系十六世祖）諱有信公妣李氏生三子勝發裕發良（一作立）發
公葬於蛇地壢李祖妣葬於解仔
有惠公分枝子孫未錄生子琳發春發
陽春譜四十世祖時懋公（陽春十四世祖）

陽春藍氏族譜

二九

圖 6-8 廣東陽春香港塔門《藍氏族譜合編》

郡馬。……」按建炎三年（一一二九年），隆祐太后與潘淑妃因避金人亂，南奔虔州，時鄧銑為虔州令，遂提兵入衞，其所救者，為從行之宗室子女。惟汲妻趙氏乃高宗從女，故僅稱宗姬，惟汲亦僅授郡馬。惟汲葬新界元朗凹頭墓名狐狸過水，皇姑則葬東莞石井村獅子嶺。」[1]

是譜之二世祖惟汲條載：「公立趙夫人，生四子：長林、次、三槐、四梓。……三世祖林公子孫，移新安凹下、北灶、龍塘、龍躍頭、塘坑、梅林。公子孫移東莞石井、壆下。槐公子孫移新安黎洞、大步頭。梓公子孫移新安錦田、輞井、厦村、西山、紫田、大井、元朗、官涌、香山上柵、大彝山塘福、潮州、嘉應州。」可見新界鄧氏，多為惟汲公之後人。

明末沿海寇亂及饑荒

粉嶺龍躍頭《温氏族譜》中載丙戌（萬曆十四年，一五八六年）寇荒及戊子（萬曆十六年，一五八八年）饑年云：「予鄉自洪武（一三六八至一三九八年）年初，先祖松嶺始插居龍躍頭，……至弘治（一四八八至一五〇五年）、嘉靖（一五二二至一五六六年）年間，寇賊王世喬、林鳳相繼為害。迨萬曆（一五七三至一六二〇年）初年，始設立為新安縣治，寇盜稍戢。年後，至崇禎年間（一六二八至一六四四年），寇於海者，一曰李開奇（李魁奇）、一曰劉鄉老（劉香），艟艘過百，直犯仙城，本里近海五六里者劫之，而本鄉及遠海者無憔類。惟至丙戌年，鼎革交會，如惠賊陳耀，蹂荒歸善城，黨數萬，流劫本方，西至新田、赤尾一帶，東至鹽田、大逕一帶，南至九龍、官富一帶，北至月崗屯新村一帶，村村營，處處是賊；環打本圍九日，不敢近圍，雖有伏地虎堆柴菁，亦無所施之矣，賊於是乎退。迨丁亥年（順治四年，一六四七年），寇蜂四起，大鵬所李萬榮，佔踞梅沙、上洞；羅欽贊蟠窠，日夜流動，村鄉皆由蹻賊通透；一被擄劫，傾家勒贖，尤恐田賤無銀；救命不早，時時賊出，處處藏青；路中多伏要之賊，親朋無探訪之行。故田日荒而牛日少，所以戊子之年，穀貴於玉，人死於途；穀則五兩價，而肉則錢陸價矣。百凡需物，俱大異常，所最甚者，糖則二三錢一斗矣；荔枝核則七八分銀一斗矣。」[1]

據清舒懋官《新安縣志》載，崇禎年間，困擾新安沿海之李魁奇曾於崇禎三年（一六三〇年）入寇本區佛堂門，且曾直攻南頭；[2] 劉香則於崇禎七年（一六三四年）寇南頭，翌年為閩撫將鄭芝龍所平。[3] 至山寇陳耀、李萬榮及羅欽贊等，於清順治四年時，流寇

1 見羅師元一《一八四二年以前之香港及其對外交通》（香港：香港中國學社，一九五九年），頁二〇七至二一〇。
2 清舒懋官《新安縣志》卷十三〈防省志〉之寇盜，崇禎三年條。
3 同上，崇禎七年條。

本區及鄰近地域，縣志亦有見載。[1] 惟萬曆十四年（一五八六年）間，因海寇為禍，至令本區鄉民生活困難，縣志並無記錄。譜中所記，可補縣志之所缺也。

明萬曆十五年（一五八七年）新安縣大旱

錦田《鄧氏師儉堂家譜》中〈錦田鄉歷史〉一文載：「至岑田易名為錦田之由，則因萬曆十五年，寶安[2] 旱災，義倉盡罄，知縣邱公體乾下鄉籌賑，各處捐助，少者三數石，多者亦不過二三十石，獨洪儀祖之七代孫元勳公，慷慨捐穀三千石，備受褒獎。邱公見吾鄉土地膏，田疇如錦，遂易名曰錦田。」

清舒懋官《新安縣志》卷十三〈防省志〉之災異條載：「明萬曆十一年（一五八三年）夏秋大旱。」同書卷十四〈官蹟略〉中載邱體乾於萬曆十四年知新安縣事。可見該譜中所載，與縣志所載者吻合。除此之外，該篇還詳釋錦田得名之由來，對研究香港史者，甚有幫助。

清初台灣海寇竄劫本區

九龍竹園蒲崗村《林氏族譜》中，十四世祖日登公事略載：「公於康熙十五丙辰年（一六七六年），台灣海匪攻打梓里舊圍，捉去，駛至佛堂媽祖殿前，亂風繞流不能出門。」

清舒懋官《新安縣志》載，康熙十一年（一六七二年）九月，台灣逆賊李奇流寇本區沿岸地帶，並於西貢蠔涌登岸，洗劫鄉村。[3] 十五年（一六七六年），海賊自惠陽入寇，所過鄉村，盡被劫掠。[4]

譜中所載之「台灣海匪」，當為李奇無疑。由此可見，清廷初定中土，濱海地帶仍未安定，故常有寇亂。

清初遷海及展界之經過

新界上水《廖氏族譜》中嘉慶二十五年庚辰（一八二〇年）之詳考歷代遷移節略載：

「康熙（一六六二至一七二二年）初年，海盜猖獗，上諭移村，新安海旁居民，盡行遷徙，而我鳳水亦與其中，以致流離失所，不勝其悲。荷蒙督撫周王二憲，不憚批鱗，奉表展界。咨准復村，七載後方回故土。」

清舒懋官《新安縣志》載，順治十八年（一六六一年）因海氛未靖，將議遷民內陸，以避寇害。康熙元年（一六六二年）初遷，翌年再遷。康熙七年（一六六八年）巡撫王來任疏奏展界，翌年旨准。[5] 譜中所記，與縣志中載者吻合。

1 同上，順治四年條。

2 寶安，舊稱新安，明萬曆元年（一五七三年）設置，清沿明制，民國後改稱寶安，今屬深圳市。

3 清舒懋官《新安縣志》卷十三〈防省志〉之寇盜，康熙十一年條。

4 同上，康熙十五年條。

5 清舒懋官《新安縣志》卷十三〈防省志〉之遷復條。

乾隆年間（一七三六至一七九五年）海盜之寇擾大嶼山

大嶼山貝澳老圍村《張氏族譜》中載：「乾隆五十三 四年（一七八八至一七八九年），有一東莞縣大寧鄉人，姓譚名阿車，始起做海洋大盜，搶劫財物，殺人放火，焚巢燒□，冤尋不計，擒男為伴，捉女為妻，如此官不能治，……於是通鄉會議，即改立圍門，及築石圍，固以防海賊。……嘉慶八年歲次癸亥（一八〇三年）八月十三日乙亥日興工，新結石圍，十六日戌寅日安門。……及後嘉慶十年十一月初十日，通鄉可見圍外之道路高低不一，舉步難移，酌議請石匠姓楊，工打石條，通鄉人等用石磡砌平正街巷，其男婦出入往來，日夜遊行，提攜不絕。」乾隆年間，本區沿海寇亂甚巨，貧者只得離鄉別井，逃入內陸避亂；富者則糾合鄉眾，集資建圍，以圖自保，貝澳老圍此其例也。

新界大埔太和市成立之年代

大埔碗窰《馬氏族譜》載：「光緒十九年（一八九三年）二月二十五日甲寅興工建基，建太和市，七月初八日開市。開市之日，白米每斗二毫七仙至二毫八仙，魚蛋仔每斤八文。」大埔太和市（即今大埔新墟）之創設年代，前無史料可稽，但從該族譜所載，當為光緒十九年。[1]

港島青草山為清末基督教教友集葬地

《關元昌公家譜》中〈歷世小傳〉之第十八世滄海公條載：「終於甲寅清咸豐四年四月十四日卯時，即陽曆一八五四年五月十號，葬於香港青草山，復遷葬於薄扶林道中華基督教墳場，享年二十九歲。碑文曰：……是處左右一帶，共有教友遺骸五十七具，於丙午年（即清光緒三十三年）陽六月，奉憲由青草山移葬於此。五十七位教會先進公塋。一九一七年冬墳場值理重修。」可見清末的港島青草山本為中華基督教會教友下葬之山地，至一九一七年始遷入薄扶林道中華基督教墳場。

民國初年馮平山對本港義塾之貢獻

《馮氏務滋堂家譜》後編之二十一世昆炎（別字平山）條載：「先後在四川、省港以商業起家，被選為東華醫院總理，舉辦國家社會一切慈善事業。至民國六年（一九一七年），在會城創辦平山貧兒義塾，又在香港辦男女義學四間，六年之中，歲費三四千元。香港義塾，聞風響應達三十餘間。」平山先生除開辦義學外，更於一九二九年創設馮平山圖書館，至一九三一年館舍落成。可見馮氏對本港之初期教育，貢獻尤大。

1 見拙文〈新界大埔之太和市〉，《華僑日報．華僑文化版》，一九七九年五月十四、十五日。

一九五四年本港豪雨成災

荃灣三棟屋四必堂《陳氏族譜誌》中〈四房之長房十九世永安公傳略〉載：憶甲午年，荃灣大河瀝水災，情況嚴重，無家可歸者數百人。」本港位處亞熱帶，夏天多雨，常有豪雨成災。從譜中所記，可見當時荃灣的災情。

四 族譜之研究價值

族譜之研究價值，可分文化學術及社會生活兩方面。文化學術方面，族譜可補正史之不足，可與方志相互參照，使真相愈明。社會生活方面，族譜可使人們認識一姓族之來源、歷代族人之發展、家族爭產及兩族械鬥等事蹟，亦可警惕當世族人、教育後人子孫、敍輩分血緣關係，及增進同姓不同宗之親屬感情，更可了解當地的治安情況及建設。

五 小結

儘管族譜有其研究價值，但族譜中所載也非可以盡信，如香港白沙澳《翁氏族譜》[1]中序文〈稽〉載：「翁氏迺帝嚳之後，周武王胤冑也。……昭王即位三年，因遊汪面山，遇一汪氏，王即封為汪山夫人。一日，與王同遊，忽睹白虹貫日，歘然不安，遂感而孕，經十二月誕生男子，手拿三日不開，官監奏王，王命以香水，沃其手，手即啟，左手握公，右手握羽，合為字，遂賜姓曰翁，名曰弘；後封楚國左丞相，後食采翁山。翁氏有姓，蓋肇於茲矣。」文中述及翁氏得姓之由，怪誕不經，自不足信，此族譜所記不可盡信之例也。

1 據新界西貢白沙澳《翁氏族譜》。

香港軍事史研究

香港位處廣東南部濱海，握進入珠江虎門之路，及往閩浙之途，為西方人士東來貿易之門戶，且沿岸多海灣，利便船隻灣舶避風，為古今船民途經灣舶之地。區內多海島，人跡甚少，故易為盜窟。故自李唐以來，歷代皆有軍隊駐守及師船巡哨。

一 歷代軍防

唐代以前，香港地區之軍防情況無法考究，李唐及五代間設置屯門軍鎮，以弁兵駐守，並有師船巡防。

北宋時設靖江軍，南宋置摧鋒軍旅，亦有軍兵及師船駐防。元代於境內，設屯門寨，以弓兵把守。

明代時，於香港西北部設置東莞守禦千戶所，東北部設置大鵬守禦千戶所，派兵駐守；中葉增置南頭寨，以師船巡汛沿岸。

清代時，於香港西北部設置新安營，東北部設置大鵬營，香港地區則歸大鵬營轄管，境內除駐兵外，並建有炮台，及有師船巡汛。

一八四二年後，香港地區相繼轉歸英治，港府於境內險要處建築軍營及炮台，並派戰艦駐防。一九四五年後，炮台廢置，軍營及戰艦駐防設施則仍存。

一九九七年香港回歸，香港之防務歸中國人民解放軍負責，境內仍有軍營及戰艦駐防。[1]

二　歷代重大的軍事事件

香港地區歷代皆有軍隊駐守及師船巡哨，其間亦有不少重大的軍事事件發生，幸得軍民合力防禦抵抗，始轉危為安。

一、唐天寶二年（七四三年），屯門鎮兵平定浙江永嘉海寇吳令光之亂。[2]

二、南宋紹興年間（一一三一至一一四九年），平大奚（嶼）山朱祐之亂。[3]

---

1 香港之歷代軍防情況，詳見拙著《香港之海防歷史與軍事遺蹟》（香港：中華文教交流服務中心，二〇〇六年）。

2 清顧祖禹《讀史方輿紀要》卷一百一〈廣州府〉之新安縣梧桐山條。

3 明盧祥《東莞縣志》卷一〈山川〉之大奚山條。

圖 6-9　九龍寨城衙門內的古炮

圖 6-10 在佛堂門海峽發現的南明古炮

三、南宋慶元三年至六年間（一一九七至一二〇〇年），摧鋒軍平大奚（嶼）山鹽亂。[1]

四、明正德十六年（一五二一年），中葡茜草灣之戰。[2]

五、明嘉靖及隆慶年間（一五二二至一五七二年），曾一本、林道乾、林鳳及劉香等粵東沿岸海寇之亂。[3]

六、清乾隆及嘉慶年間（一七三六至一八二〇年），鄭一、郭婆帶及張保仔等東南艇盜之亂。[4]

七、清道光十九年（一八三九年），中英官涌之戰。[5]

八、清咸豐四年（一八五四年），清副將張玉堂收復九龍寨城之役。[6]

九、開埠初期，英人平定沿海盜賊禍患。[7]

十、清光緒二十五年（一八九九年），新界居民抗英接收新界之戰。[8]

十一、一九四一年十二月八日至二十五日，日軍襲港與香港保衛戰（十八日戰爭）。[9]

三　軍事史研究之範圍

軍事史研究之範圍，包括歷代重大的軍事事件，歷代駐軍情況（單位、兵種、分佈），歷代軍事設施（寨城、墩台、軍營、炮台、碉堡、哨站），歷代駐軍所用之兵器（冷兵器、火器），歷代著名之軍事人物（軍官、兵種、有關人物），及歷代有關軍事及戰爭之傳說與掌故等。

資料之搜集，可查閱中英官方文獻（地方志、獻報等）、報章；有關軍事之公佈，可參看軍人及有關人物之手（筆）記、著作（書籍及論文）、軍事建築及兵器之書籍及資料，訪問軍人、退伍軍人及有關人物（口述歷史），參觀軍事（海防、軍器）博物館，遊訪歷史遺蹟（田野考察），及參閱民間著作（書籍及論文），並與鄰近地區多作比較。

資料整理之法，常用者為比較、分類、歸納及演繹，注意分辨資料之真偽，可以有兩種或以上之記載證明，可以史料或時代作反證，亦可以物證或理證。若無確證以釋疑者，寧暫擱置不談待證，並當採「老吏斷獄」之態度，切勿輕言。

---

1 宋王象之《輿地紀勝》卷八十九〈廣州古蹟〉之大奚山條。

2 拙著《清初遷海前後香港之社會變遷》（台北：台灣商務印書館，一九八六年），頁四一至四三。

3 同上，頁四三至四五。

4 拙著《香港歷史與社會》（香港：香港教育圖書公司，一九九四年），頁一四五至一五七。

5 拙著《香港之海防歷史與軍事遺蹟》，頁五八。

6 清史澄《廣州府志》卷八十二〈前事略八〉國朝，咸豐四年條。

7 詳見 Kathleen Harland, *The Royal Navy in Hong Kong：1841-1980* (Hong Kong：Royal Navy 1981?), pp. 89-93.

8 拙著《香港歷史研究》（香港：顯朝書室，二〇〇四年），頁一〇七至一一三。

9 詳見 John Luff, *The Hidden Years* (Hong Kong Hong Kong: South China Morning Post, 1967).

從香港史的探究看香港之中華文化

香港雖然在一八四年開始成為英國殖民地，但香港與中國內地唇齒相依，有着不可分割之關係。一八四至一九九七年間，香港地區受英人統治，其間促進區內的中西文化交流。惟中國內地的社會文化一直對香港有巨大影響。

一　唇齒相依之中港歷史

十九世紀中葉，清政府先後割讓港島及九龍半島予英人，光緒二十四年（一八九八年）更將新界租借予英人，使香港地區一百五十多年來成為英國殖民地。但是，中港兩地的關係並非就此斷絕。太平天國之興亡、民國政府之成立、軍閥混戰、中日戰爭、國共內戰等，都促使眾多內地人士移居香港；新中國之開放及香港之回歸，令中港兩地的交往愈趨頻繁。

二　港人之國民身份

一八四年以前，香港為中國屬土，清代時屬廣東廣州府新安縣，居民分廣府人（本地人）及客家人。一八四二至一九九七年有香港人及英籍港人，新界有原居民及客家人。一九九七年回歸後則分中國人（包括香港居民、新界原居民及新移民）、外籍華人。據《中華人民共和國國籍法》：「凡具有中國血統的中國人，都自動被視為中國公民，除非自動申報為外國公民。」

三　今天香港之中國傳統文化

一百五十多年來，香港之中國傳統文化雖受到西方文化衝擊，但仍能保存其精髓及特色。自一九九七年香港回歸祖國，成為中華人民共和國特別行政區後，香港政府即致力培養港人對其國民身份之認同，鼓勵市民關心本港及祖國之發展，尊重祖國之文化傳統及對國家之歸屬感，並以持平之態度了解及分析歷史和政治事件。

透過對香港歷史的探究，可使吾人認識到中華文化之傳承。從境內現存之文物，仍可感受到濃厚之中華文化色彩，如祠堂內之家祭、新界之食盤（菜）、各區之太平清醮及街道與地區之名稱等，皆與我國之傳統文化，有着不可分割之關係，其中以華南文化最為顯著。

以港島中西區為例，該區為一歷史悠久之區域，上環及太平山區為早期華人聚居之地，中環即西人最早發展之維多利亞城商業區，荷李活道一帶乃國父孫中山先生早年求學及進行革命活動之地。由此可見，區內之文物及古蹟，對中華文化發展之研究，有莫大關係。

四　透過歷史探究提升國民身份意識

在香港，小學常識科及中學歷史科已加入有關香港歷史及社會的課程內容，以提升學生之國民身份意識。教統局亦已製作香港史教材套派發給學校使用，使學生認識本土之歷史，推廣「香港心，中國情」之理念；並推行歷史探究活動，如專題研習工作坊、歷史文化考察等。

此外，政府也鼓勵學生參觀歷史博物館及文化博物館，以及鼓勵學生參與民間舉辦之香港歷史專題設計比賽及香港歷史專題講座等。

以上種種舉措，目的是讓學生認識自己的「根」，都是有效的公民教育。

五 提升國民身份意識之探究活動

吾人可從下列三方面之探究活動，提升學生的國民身份意識：

歷史探究

從個人之籍貫考查、家鄉介紹、姓氏源流、祖先歷史，以認識家族歷史；參觀香港歷史博物館、香港海防博物館等，以認識香港歷史；研究中國歷史事件、人物、古蹟及文物，以認識中國歷史與香港本土歷史。

文化考察

認識中國之傳統節日、民間信仰、傳統習俗、音樂戲曲、書畫藝術、服飾用具、語言文字、飲食文化等，從而認識中國文化。

現代中國探究

認識中國之國旗國徽、地理版圖、文化遺產、民間風俗、民族特色、人民生活、自然風貌、社會時事、重大成就等，從而認識今日之香港社會與內地社會之面貌。

附錄

皇家亞洲學會香港分會簡史

許舒博士（Dr. James Hayes）著，蕭國健譯

皇家亞洲學會香港分會（The Hong Kong Branch of the Royal Asiatic Society）始創於一八四七年，一度於一八五九年結束。一世紀後，因獲倫敦母會（The Royal Asiatic Society of Great Britain and Ireland）之許可，於一九五九年十月二十八日復會。

倫敦之皇家亞洲學會，始創於一八二三年三月，其目的為鼓勵研究亞洲之科學、文學及藝術；翌年八月十一日，獲得英皇佐治四世頒發之團體憲章（Charter of Incorporation），成為一皇家學會。該會為歐洲同類學會之最資深者；因獲著名學者、探險家及各界人士支持，於學會的學報發表文章，並作公開演說等學術性活動，使西方人士對東方文化有深厚的認識，因此，該會被許為同類學會之首。

該會大部分之工作，皆由其東方之支會或分會負責推行：孟買及馬德拉斯兩分會約創於一八三八年；錫蘭分會創於一八四五年；香港分會創於一八四七年；上海之華北分會（North China Branch at Shanghai）成立於一八五七年；日本分會創於一八七五年；馬來亞分會創於一八七八年，而韓國分會則遲至一九〇〇年始告成立。

香港分會脫胎自一八四五年成立之Medico-Chirurgical Society，其初，該會原欲成立一哲學團體，以現代精神探究亞洲知識，尤以中國為主，最後成立亞洲學會（Asiatic Society），會章由《中國郵報》（*China Mail*）編輯Andrew Shortrede依據皇家亞洲學會之會章起草而成。戴維斯總督（Sir John F. Davis, the Governor）以其優越之東方學術及科學知識而被推為會長。戴督認為首先應當獲得被承認為皇家亞洲學會之分會，故於離開英倫時，曾與在任會長屋克蘭子爵（Earl of Auckland）討論創立分會之方針。

一八四七年一月，皇家亞洲學會香港分會正式成立，Medico-Chirurgical Society之成員，其自願加入者，可無須經過投票，或繳交入會費，會中舊存之用品及書籍，則全數移交新會。

除戴督及Shortrede外，首任常務幹事團還包括得忌笠少將（Major-General D'Aguilar）、殖民地軍醫Peter Young、財政司Mercer、渣甸洋行之John Bowring the Younger，及名通譯與駐華公使Thomas Wade等。Thomas Wade爵士為氏中文羅馬注音法（The Wade System of Romanization of Chinese）之發明者，一八八七年，他升任倫敦總會會長。

戴維斯爵士在其香港分會會長之就任演辭中，着重引導學會成員注意博物學、地質學、植物學及文學等研究之實際計劃，並希望英國殖民部同意贈予土地，成立一植物公園。一八四八年，戴督離開香港，是年八月，宣教士郭士立牧師（Rev. C. Gutzlaff ）於例會上重提成立植物公園，獲得港督寶靈爵士（Sir John Bowring）同意撥地發展，惟公園由政府管理，而非歸學會所私有。

該會成立後之十二年中，在一定程度上，受到香港一些私人恩怨事件之影響，幸得戴維斯爵士之鼓勵，繼有寶靈爵士之注重文教，包括其個人對學會之影響，及於會議上之貢獻，使學會得以發展。一八四九年，文咸爵士以高等法院內一房間贈予該會為永久會址。一八四七年至一八五九年間，學會出版學報六卷；如今，該會仍存該六卷學報之微型菲林。

一八五九年五月，寶靈爵士離港，同年九月，祕書 Dr. W. W. Harland M. D. 逝世，學會面臨解散。其後雖有利雅各博士（Dr. James Legge），新任港督羅便臣爵士（Sir Hercules Robinson）繼任會長，香港區主教（Bishop of Victoria）、署理裁判司（Acting Chief Justice）為副會長，並有夏理爵士（Sir Harry S. Parkes）等致力工作，惟皆無大幫助。

該會之解散，對其前時之工作及著名會長所爭取到的聲譽，有一定破壞，利雅各之《中國經典》（*Chinese Classics*），因最後獲得渣甸（Joseph Jardine）及其繼承者 Sir Robert Jardine，與登地（John Dent）兩港商之助，始得出版；一八九五年，T. W. Kongsmill 之《香港地質研究》（***Studies of the Geology of Hong Kong***）論文，則需依賴上海分會之援助，才能順利面世。

一八五七年，華北分會初以上海文理協會（Shanghai Literary and Scientific

Society）之名義成立，首任會長 Rev. E. C. Bridgman D. D. 為來華首任美國宣教士、中華文庫（Chinese Repository）之創始者及經理。翌年，該會以上海文理協會名義，出版首期學報；同年，該會併入皇家亞洲學會，成為華北分會。該會自成立至一九四一年十二月二次大戰爆發，其間凡八十餘年，成為華中地區東方文化之主要研究中心；其每年出版之學報，皆能保持較高之學術水平。一九四九年，由於中國內地的政局變化，該會在華之一切活動，皆被迫終止，其最後一期學報，與中華國際協會（International Institute of China）聯合出版。

該會於上海成立初期，幸得各界人士之慷慨支持，並曾得英國政府於一八六八年間，供給廉價土地，建築會所，於一八七一年完成；其後該會所之業權，亦永久授予學會。一九三一年，學會得公眾之捐贈，及政府之補助，於博物館道（Museum Road），鄰接英國領事館之地，建造會所大樓；其內包括以捐贈者 Dr. Wu Lien-Teh 命名之演講廳、東方圖書館，內藏圖書一萬二千卷，以及數間閱讀室、自然歷史博物館及供展覽中國書畫及其藝術創作之場所，Arthur De Carl Sowerby 為該館館長，其後一名會員捐款港幣一萬元，用以紀念其創館之功。

一九四一年，該館在上海已有約八百名會員，包括著名之東方學者、探險家及旅行家。與華北分會有聯繫之突出人物，計有 Dr. Joseph Edkins, Thomas W. Kingsmill, Dr. Emil Bretschneider, Henri Cordier（曾為圖書館館長），P. G. von Mollendorf,

Sir Robert Hart, Sir Harry Parkes, Sir Byron Bregan, W. H. Medhurst, Sir Edmund Hornby（首任英籍在華法官）, Sir Rutherford Alcock, H. A.Giles, E. H. Parker, H. B. Morse, A. P. Parker, Alexander Hosie, Samuel Couling, Sir Sidney Barton及Dr J. C. Ferguson，後者為前南京大學校長，知識淵博，五十年間，歷任學會之會長、祕書及學報編輯。

一九五九年二月二十八日，三十位熱心人士出席於英國文化中心舉行之會議，議決恢復英國皇家亞洲學會香港分會。該會議通過採用倫敦母會承認之會章，於會員大會召開之前，成立臨時幹事會，辦理會務。其後於會員大會投票，選出下列幹事：會長為Dr. J. R. Jones；副會長為周俊年爵士（Sir Tsun-nin Chau）及Dr. Lindsay Ride；祕書為Mr. J. D. Duncanson；財政為Mr. T. J. Lindsay；學報編輯為J. L. Cranmer-Byng。其他幹事還有Dr. Marjorie Topley, Messrs James Liu, Holmes Welch及G. B. Endacott。港督柏立基爵士（Sir Robert Black）同意擔任重組之皇家亞洲學會香港分會的贊助人及永久會員，因其對學會之貢獻良多，故被選為名譽會員。

一九六〇年四月七日，於香港大學陸佑堂（Loke Yew Hall）舉行幹事就職大會，該大會原議由港督主持，後因督憲抱恙，而由香港大學中文系林仰山教授（Professor F. S. Drake）代為宣讀就職辭，並於席間發表論文：〈亞洲研究之使命與推行〉（“The Study of Asia: A Heritaga and a Task”）。

一九六一年一月二十三日，港督柏立基爵士以贊助人身份主持會議，自是終止了約一百年之英國皇家亞洲學會香港分會，遂得恢復。

上述有關皇家亞洲學會香港分會在中國之記載，至一九五九年至一九六〇年間香港分會之重組，為首任會長 Dr. J. R. Jones 所撰。Dr. J. R. Jones 主理會務，至一九七〇年間，其所撰有關該會之記載，自後不斷被轉載。本文之後半部，為許舒博士（Dr. James Hayes）所編纂，其目的重介紹該會之近年活動及其現況，並就其將來之環境轉變作一展望。

贊助人：自柏立基爵士開其端，其後歷任港督皆為該會贊助人。

會長：一九七〇年 Dr. J. R. Jones 退休後，Sir Lindsay Ride 接任，一九七二年 Dr. Marjorie Topley 繼任，一九八三年由許舒博士繼任。

幹事會：該會一切會務全由幹事會處理，全部或部分幹事於三月下旬舉行之周年大會改選。目前幹事會有會長一人，副會長二人，財政、學報編輯、圖書館館長及祕書各一人，幹事八人。

活動：該會自香港復會後，活動主要為專題演講、本地旅遊及研討會等。

出版物：與母會及其他分會相同，出版刊物為該會之主要工作。該會着重研究與本地有關之廣大知識，故年刊着重反映香港、中國及遠東等地之特有問題。近年，該會之年刊已獲得較高之學術評價，其編輯亦已盡力提高其學術地位；至一九八六年已經出版二十六期。除此之外，會方亦已出版七冊論文集，其內容包括香港歷史建築、社會組織、大眾信仰、地方動植物等之改變及發展。

此外，為慶祝該會二十五周年紀念，於一九八五年，特別出版了副會長 Revd. Carl T. Smith《中國之基督徒：社會中樞、中間人及香港之教育》（*Chinese Christians : Elites, Middlemen, and the Church in Hong Kong*）。此書為該會與香港牛津大學出版社合作出版。另一論文集，名為《潮流的轉變：今日中國的宗教》（*The Turning of the Tide, Religion in China Today*），由加拿大薩斯喀徹温大學（University of Saskatchewan, Canada）Dr. Julian F. Pas 主編。

圖書館：與倫敦皇家亞洲學會及其分會相同，該會亦成立一圖書館，通過購買、餽贈及交換，現有圖書約二千五百卷，自一九八五年起，存放於九龍中央圖書館，供會員借閱。

通訊：該會已有定期通訊寄送會員，其目的為通知會員會方所舉辦之活動節目，以加強會員間之聯繫。

會員：從一九八七年起，該會會員數目日增，一九八七年至一九八八年間，會員人數有七百餘人，外地會員約一百五十人。會員分個人、夫婦及學生三類，每年繳交會費一次，另有終身會員。

該會之會員為國際性，與前時在上海之華北分會一樣，其會員包括不同國籍及來自不同職業階層之成員，故對今日社會之各階層，有一定代表性。

展望：該會之起源及名稱雖來自英國，但與母會及其他遠東地區分會一樣，百多年來，已漸趨國際化，故能對一九八四年十二月之《中英聯合聲明》予以配合，使香港繼續成為經濟及工商業中心。

該會於一九九七年後，仍以英文作交流及出版刊物之語言。作為一個國際支持之文化組織，該會將繼續推廣認識中國文化，並鼓勵與中國人士有更深厚之友誼；對在香港工作及生活者，則加深其對香港文化之認識。

目前，該會之華籍會員，約佔全體之四分之一，且正日漸增多，對日後會務之推廣，有較大幫助。

香港古代史新編

蕭國健 著

責任編輯　吳黎純
裝幀設計　黃安琪、陳佩珍
排　　版　楊舜君
印　　務　劉漢舉

出版
中華書局（香港）有限公司
香港北角英皇道四九九號北角工業大廈一樓 B
電話：（852）2137 2338
傳真：（852）2713 8202
電子郵件：info@chunghwabook.com.hk
網址：http://www.chunghwabook.com.hk

發行
香港聯合書刊物流有限公司
香港新界大埔汀麗路三十六號
中華商務印刷大廈三字樓
電話：（852）2150 2100
傳真：（852）2407 3062
電子郵件：info@suplogistics.com.hk

印刷
美雅印刷製本有限公司
香港觀塘榮業街六號海濱工業大廈四樓 A 室

版次
2019 年 7 月初版

規格
16 開（210mm×170mm）

ISBN
978-988-8572-59-5